EL FIDEICOMISO EN MÉXICO

Edgar Adrián Rodríguez Reina

EL FIDEICOMISO EN MÉXICO

Primera edición: noviembre de 2024

EdgarReina2

Edgar Reina Legal Mentoring

MAIL

ISBN: 979-8-8675-7852-7

DEDICATORIA

Este libro está hecho para todo aquel estudioso del Derecho que esté interesado en la correcta aplicación de las leyes, tanto en el ámbito público, como en el ámbito privado. Asimismo, agradezco a mis alumnos, clientes y demás personas que ayudaron a esta obra.

CONTENIDO GENERAL

OTRAS OBRAS DEL AUTOR

PRÓLOGO

Debo empezar estas breves líneas aludiendo al gran honor que es para mí presentar "El fideicomiso en México", segunda obra escrita del Maestro Edgar Adrián Rodríguez Reina. Primero por la calidad del autor en la práctica y la enseñanza del Derecho, y segundo, por la pasión que compartimos sobre este particular

La obra que usted tiene en sus manos es el resultado del esfuerzo y las situaciones que, en casi una década dedicada a la actividad, ha vivido el autor en el dictamen, desarrollo, negociación, estructura y puesta en marcha de negocios fiduciarios.

Es un libro muy oportuno, ya que en nuestro país es escasa la doctrina sobre este tema jurídico tan especializado y porque en un mundo cambiante y globalizado, el contrato de fideicomiso resulta vehículo idóneo para llevar a cabo diversos modelos de negocio, protección patrimonial y garantizar la seguridad jurídica a los intervinientes en diversos actos jurídicos.

A lo largo de sus cuatro capítulos se advierte un conocimiento integral y transversal en varias disciplinas, como la jurídica, fiscal, contable y el mundo empresarial en general, mismo que es indispensable para brindar asesoría de forma cabal a quienes optan por el fideicomiso como alternativa para el desarrollo de sus proyectos.

Este texto va dirigido especialmente a los Abogados que nos dedicamos a esta materia, así como a aquellos que desde su campo y área de experiencia estudian o tienen contacto profesional con este modelo contractual, puesto que el Maestro Rodríguez lleva los tecnicismos jurídicos al lenguaje de los negocios, lo cual genera un mejor entendimiento y comprensión de las ideas expresadas por un mayor número de destinatarios.

Resulta loable el esfuerzo de explicar las cuestiones prácticas, dejando atrás las discusiones que en nada abonan a la celeridad que el quehacer jurídico exige en estos tiempos.

Es también ilustrativo el análisis que se hace de diversos tipos de fideicomisos en particular y la complejidad de situaciones que se pueden presentar en el desarrollo de un negocio fiduciario, incluso analizados bajo la óptica de normatividad internacional como la emitida por la OCDE o el TMEC.

Es muy novedoso el apartado en el cual el autor aborda los documentos previos y preparatorios a la celebración de un contrato de fideicomiso, que van desde la intención, planteamiento, desarrollo, cierre e incluso las cuestiones que en la práctica se dan al momento de la firma. Ningún doctrinario antes había dedicado el tiempo a esto, que en el devenir del quehacer jurídico resulta tan común.

Mi felicitación para el Maestro Rodríguez por su aportación a la praxis de esta compleja actividad más allá de lo teórico, pues seguro estoy que este libro un lugar importante ganará en el Foro mexicano y herramienta útil será en el día a día de Abogados y profesionales diversos que hacen de este objeto de estudio su ocupación.

Jorge Alfonso Pasapera Lara
Ciudad de México, noviembre de 2023.

INTRODUCCIÓN

El lector tiene en sus manos una especie de manual sobre fideicomisos. Este libro no es precisamente para licenciatura, pues parte del presupuesto de que el lector cuenta con algunas nociones del fideicomiso. No obstante, cualquier estudiante de la licenciatura en derecho bien puede acudir a esta obra para fines didácticos y como material de apoyo.

Este libro es producto de una práctica profesional de casi 10 años en la rama. También es producto de la pasión que me genera este tema. Recuerdo que el primer asunto que tuve sobre fideicomisos fue por remisión de un colega y amigo, respecto de una FIBRA en el ámbito corporativo. Primeramente, fue un asunto completamente nuevo para mí. En aquel momento las FIBRAS apenas tenían unos tres años de haberse creado como vehículo de inversión en México, por lo que pocos asesores habían incursionado en el sector. El hecho de adentrarme en las intimidades de las cuestiones legales de las FIBRAS hizo que me terminara de apasionar por el derecho bursátil, financiero, bancario y mercantil. La razón de lo anterior es debido a que el funcionamiento de los grandes capitales en los mercados reconocidos no es algo que pareciera estar tan alejado de nuestra vida cotidiana. Como ejemplo, podemos decir que casi cada vez que acudamos a una plaza comercial a comprar algo, tendremos contacto con una FIBRA. Lo anterior lo encontramos en lugares como Antara, Antea, Reforma 222, Plaza Satélite, entre otras. El funcionamiento de los fideicomisos puede ser tan complejo o sencillo como las partes deseen, sin mencionar los costos que ello puede significar.

El segundo acontecimiento que hizo que me terminara por apasionar por la materia fiduciaria fue cuando, ya en mi ejercicio profesional independiente, fui llamado como asesor en un asunto que involucraba desde fideicomisos, hasta un concurso mercantil mediático y algunos aspectos penales que fueron bien sabidos por muchos. Este ha sido el caso más complicado y de alta gravedad en el que he intervenido, pero a su vez ha sido el que más lecciones y experiencia me ha dejado, ya que ello me permitió ser un mejor asesor, aprender a detectar operaciones riesgosas y a lidiar con un fideicomiso con partes emproblemadas. Un fideicomiso emproblemado es lo peor que le puede pasar al asesor legal, ya que este tipo de incidentes no solamente encierran problemas legales, sino que pueden tener implicaciones financieras, políticas, de corrupción y hasta de seguridad.

El libro que usted está a punto de leer tiene cuatro capítulos: el primero se denomina "BASES LEGALES DEL FIDEICOMISO". En este capítulo abordo lo relativo a la introducción al fideicomiso y luego el estudio jurídico del mismo. Usted encontrará los elementos tradicionales del contrato, como el concepto, las partes, los Comités, el administrador, las prohibiciones, los fines, la forma del contrato, la reversión de fideicomiso, entre otros puntos.

Cabe destacar también que en cada uno de esos rubros proporciono consejos prácticos que ocurren en la cotidianidad y que el asesor se encontrará en su día a día.

En el segundo capítulo, que se titula "DE LOS FIDEICOMISOS EN PARTICULAR", usted encontrará diferentes tipos de fideicomisos que han sido muy poco tratados en la literatura jurídica: el fideicomiso de inversión, inmobiliario y de garantía. Dentro de estos géneros abordo algunas subespecies como las FIBRAS y los FICAPS, mismos que han sido escasamente tratados solo por algunos tratadistas. Lo anterior fue lo que me motivó a abordar dichas subespecies de los fideicomisos.

En el tercer capítulo titulado "DOCUMENTOS Y PRACTICIDAD EN LOS FIDEICOMISOS", abordo aspectos estrictamente prácticos que han sido producto de mi ejercicio profesional, de algunos intercambios con otros colegas y de reflexiones jurídicas. En esta parte encontrará documentos poco estudiados en la literatura jurídica mexicana, pero que abundan en la práctica como los memorandos de entendimiento, las cartas de intención, la promesa de fideicomiso, entre otros. También decidí incluir documentos, como los convenios de adhesión, constancias, minutas de sesiones de los comités, etcétera.

Por último, se encuentra el cuarto capítulo titulado "NOTAS CONCLUSIVAS", donde simplemente hago un resumen de las consideraciones finales, a manera de reflexión.

Este libro tiene un enfoque para asesores legales. A lo largo de la obra usted encontrará diversos consejos prácticos para asesores, lo cual no significa que otras personas con diferentes papeles o profesiones involucradas en un fideicomiso, no puedan remitirse a este trabajo para esclarecer sus dudas.

A lo largo de este libro he buscado dar un enfoque sencillo y no tan rebuscado del fideicomiso, pues lamentablemente existe muy poca bibliografía respecto a este tipo de contratos y la que hay, es estrictamente jurídica y poco práctica (con sus excepciones). Algunos de los grandes autores que han escrito sobre fideicomiso han quedado desactualizados conforme ha ido pasado el tiempo y han tomado forma las diferentes reformas en materia de fideicomiso. Solo por citar dos ejemplos, este libro menciona algunos elementos relativos al TMEC y al G20 referentes al fideicomiso.

Es muy importante que el lector de esta obra comprenda que esta es una rama sumamente especializada, por lo que no es recomendable pretender que cualquier tipo de profesionista asesore en esta rama, pues requiere un conocimiento amplio sobre lo que es la regulación, pero también requiere del manejo práctico de los fideicomisos. Otro elemento no menos importante es saber redactar los documentos necesarios que existen en este sector, que también incluí en esta obra.

La práctica fiduciaria indica que los usos bancarios y mercantiles tienen un gran peso en esta rama del derecho, tal y como el artículo 6° de la Ley de Instituciones de Crédito (LIC) indica, por lo que no he dejado de lado los aspectos prácticos del fideicomiso.

El asesor legal debe estar preparado para intercambiar comunicación con contadores, economistas, financieros, empresarios y con personas cuya intención simplemente es proteger su patrimonio. Lo anterior implica no solamente dominar la materia jurídica, sino tener un amplio conocimiento del movimiento empresarial en la rama fiduciaria. De nada sirve que el asesor legal sea un experto en derecho si no tiene la capacidad para "traducir" la voluntad de las partes y plasmarla en un contrato. Ese es el principal talento del asesor, quien debe centrar su actividad en dos cosas: la prevención y la solución de problemas.

Por un lado, si bien es cierto que el fideicomiso es un contrato muy técnico, también resulta verdadero que detrás de esta figura también se esconde un manejo muy noble y dúctil, siempre y cuando exista un perfecto entendimiento de la operación por las partes. Lo anterior, desde luego, incluye el hecho de contar con un buen asesor para poder llegar a buen puerto.

México es un país con la suficiente base regulatoria para atraer grandes capitales: tiene una gran regulación bancaria y financiera, lo que incluye la protección a los fideicomisos y las medidas de seguridad que usted encontrará en este libro. Efectivamente, México fue uno de los primeros países en firmar los Acuerdos de Basilea III, promovidas por el Foro de Estabilidad Financiera (FSB, Financial Stability Board por sus siglas en inglés) y el G20, para fortalecer el sistema financiero internacional, tras la crisis financiera global de 2008.

Por último, espero que este libro sea de su utilidad. Le invito a mirar la presentación en vídeo de la presente obra en el código QR que aparece al inicio de este apartado. Y también le pido vaya a la parte final del libro para que mire el Índice por Materia, así como un cuadro comparativo didáctico; los anexos que he incorporado donde encontrará una colección de cláusulas muy prácticas y un TEST para que usted ponga a prueba sus bases sobre fideicomisos aprendidas.

BASES LEGALES DEL FIDEICOMISO

El fideicomiso es una operación compleja que requiere el estudio y el dominio de diferentes ramas del Derecho. Es muy importante comprender que esta especie de contrato es de las denominadas "Operaciones de Crédito". A la fecha existen pocas razones técnicas para seguirla denominando de esta manera, ya que el fideicomiso así fue incorporado en la vigente Ley General de Títulos y Operaciones de Crédito (LGTOC), misma que data de 1932. Dentro de las denominadas Operaciones de Crédito encontramos otras figuras como el reporto, los depósitos, los créditos, la prenda, el arrendamiento y el factoraje financiero. En el capítulo V, Sección Primera del Título Segundo de la referida ley se encuentra el fideicomiso. La palabra "operación" presupone esencialmente un contrato, por lo que a consideración del suscrito las referidas operaciones de crédito bien podrían denominarse únicamente "contratos". Se hace precisión de esta situación con la finalidad de facilitar al lector el contenido de esta obra y que no causen confusión las palabras "operación de crédito".

El fideicomiso debe ser estudiado desde distintos puntos de vista y no puede ser abordado de manera unilateral, ya que implica la relación de diversas materias entre sí, como puede ser la contaduría, el derecho, las finanzas y en cierto tipo de operaciones, las áreas que tienen que ver con la ingeniería o la actividad empresarial y los negocios.

Uno de los mayores retos que enfrenta el asesor en materia fiduciaria es traducir el lenguaje de negocios a lenguaje jurídico, pues aquél resulta un conglomerado de ideas que tiene el empresario o el no empresario que, por ejemplo, simplemente quiere un fideicomiso sucesorio para sus sucesores.

Otro reto que enfrenta el asesor en esta rama es que necesariamente debe haber una perfecta coordinación entre el área de los contadores, fiscalistas, abogados, clientes, fiduciario y notarios. Ello se debe a que hay fideicomisos donde se aportan diferentes tipos de bienes, como pudieran ser inmuebles, dinero, automóviles, maquinaria, marcas, etcétera. En algunas ocasiones, el fideicomiso deberá ser celebrado en escritura pública, como cuando se hacen aportaciones de bienes inmuebles; sin embargo, en otros casos, será necesario solamente ratificarlo ante corredor o notario público por requerimiento de la propia LGTOC. En todo caso es muy importante que el asesor tome esto en cuenta, pues impactará económicamente en la operación fiduciaria. Un error en la planeación del fideicomiso puede ser muy costoso. De ahí la importancia de una perfecta comunicación entre los diferentes asesores que intervengan en la operación.

En muchas ocasiones, los temas que tienen que ver con la forma del contrato del fideicomiso pueden ser debido a disposiciones fiscales y no disposiciones de carácter mercantil, lo que puede ser un problema cuando un asunto fiduciario se toma "a toro pasado" y se detectan vicios de origen que a veces son subsanables y en otras ocasiones no.

Por experiencia del suscrito, es importante recalcar que el fideicomiso también puede tener implicaciones de carácter agrario. El asesor no debe olvidar que todas las ramas del derecho están correlacionadas y que en nuestro tema de estudio pueden presentarse asuntos agrarios, como cuando la aportación de tierras tiene como origen un ejido. En estos casos se debe ser extremadamente cauteloso a la hora de planear el fideicomiso, pues una aportación de un ejido podría afectar de nulidad absoluta a la operación.

Lo peor que le puede pasar al asesor en materia fiduciaria es que el fideicomiso sea nulo o que termine emproblemado por acreedores. Cuando un fideicomiso no encuentra salida financieramente, el problema deja de ser jurídico y comienza a ser monetario. Es muy importante que el asesor sea capaz de poder negociar este tipo de complicaciones, ya que la forma legal si bien es importante, no menos importante resulta su contenido empresarial o financiero.

Un partícipe rector dentro del fideicomiso es el fiduciario (un banco u otra institución financiera), que a reserva de los detalles técnicos que veremos más adelante, tiene en su propiedad los bienes que se le han aportado, lo que le implica una responsabilidad de alto impacto jurídico. El asesor debe considerar muy bien el perfil del fiduciario, tomando en cuenta a sus funcionarios y personal para poder planear correctamente el fideicomiso. El fiduciario es una institución financiera regulada de distintas maneras, ya sea un banco, una sociedad financiera de objeto múltiple o incluso, una casa de bolsa. Si bien es cierto que lo anterior implica una regulación al interior por parte de diversas autoridades, como la Comisión Nacional Bancaria y de Valores, no menos cierto es que también ahí encontramos la explicación del porqué de los elevados costos que pueden presentar algunos fideicomisos, aunado a la responsabilidad fiduciaria que implica para la institución. Cabe destacar que los honorarios fiduciarios que se pagan al fiduciario son producto de la competitividad bancaria, que es muy destacada en México.

I.- ELEMENTOS INTRODUCTORIOS DEL FIDEICOMISO

El fideicomiso es una operación de negocios o patrimonial, que tiene como finalidad destinar recursos a determinados objetivos que decide el interesado, a través de la participación de una entidad financiera para que ésta administre dichos activos.

Los fideicomisos suelen ser identificados con números de control o identificadores que proporciona la fiduciaria. Dichos números pueden combinarse con letras y hacer referencia al año de constitución del mismo o cualquier otra situación que lo haga identificable, pero cabe resaltar que ello no tiene implicaciones jurídicas de fondo, más que para hacer referencia a él. Por ejemplo, un fideicomiso celebrado en 2021 podría identificarse con el número F/2021.

Dicha definición pertenece al campo de la práctica fiduciaria y no propiamente al terreno jurídico. Es importante entender que el fideicomiso sirve, antes que nada, para implementar negocios personales o con otros participantes. La garantía que tienen las personas que intervienen en un fideicomiso es que tendrán la participación imparcial de una institución financiera en el manejo de los recursos, es decir, que esa institución intervendrá directamente en la gestión que se le darán a los activos o recursos financieros que estén dentro del fideicomiso.

El fideicomiso puede ser celebrado por cualquier persona con los recursos suficientes para aportarlos a dicho fideicomiso y para poder solventar los gastos que la operación puede implicar. El fideicomiso será útil para gestionar recursos inmobiliarios, recursos líquidos, etcétera. En un momento dado, lo que puede resultar complicado en un fideicomiso es el manejo y la "movilidad" que pudieren tener los citados recursos, ya que no debemos olvidar que le pertenecen en propiedad a la institución financiera y no a las partes que intervienen en el negocio, lo que les obligará a éstos a girar instrucciones precisas al fiduciario para poder aplicar los recursos o bienes, a los beneficiarios del fideicomiso.

Efectivamente, un fideicomiso no es un contrato de "aplicación inmediata", en el que una parte intercambia un activo por otro sin la intervención de terceros, sino que es una especie de puenteo donde el fiduciario toma un papel trascendental al tener la propiedad de los bienes y aplicarlos en los términos en que las partes instruyan de manera expresa, conforme al mismo contrato.

Por ejemplo, un fideicomiso puede servir para hacer un desarrollo inmobiliario que requiere recursos financieros, pero donde al mismo tiempo los inversionistas no están dispuestos a participar en una empresa con manejos desconocidos. En este caso, el inversionista opta por la intervención de un tercero "regulado", que es una institución financiera, para que maneje los recursos con audiencia de aquéllos. Dichos inversionistas se encargarán de que el contrato les favorezca y que obtengan beneficios proporcionales a su inversión; asimismo, se encargarán de verificar que las decisiones se tomen y ejecuten de acuerdo con la ley, el contrato y las instrucciones giradas. Es, auténticamente, darle audiencia a los que tienen interés en la operación.

En nuestro ejemplo, el desarrollo inmobiliario se realizará con los recursos fideicomitidos, donde pueden ocurrir muchas cosas, como rentar los bienes inmuebles, venderlos, darlos en permuta, etcétera. Esto ya dependerá de lo que quieran hacer los empresarios que activaron el fideicomiso.

Otro caso muy común es el que se presenta al nivel de las relaciones familiares. Hay ocasiones en las que una persona que cuenta con un patrimonio y una base económica sólida decida hacer un fideicomiso para ejecutarlo después de su muerte. Evidentemente, los bienes que sean trasladados al fideicomiso ya no entrarán en la sucesión (testamentaria o legítima) del interesado, pues como hemos aclarado, en el fideicomiso los bienes pertenecen en propiedad al fiduciario, de tal suerte que, a la hora de su muerte, esos bienes ya no entrarán al caudal hereditario del fallecido. Una vez acontecida la muerte del autor del contrato de fideicomiso, entonces el fiduciario cumplirá las instrucciones que dejó aquél conforme al contrato mismo, celebrado entre él y el fiduciario. Así, los beneficiarios o fideicomisarios de dicho fideicomiso serán los hijos, nietos, cónyuge o las demás personas que decida y le sean aplicados los beneficios del fideicomiso, que pueden ser desde los intereses generados por la inversión de los recursos financieros fideicomitidos o hasta las rentas que produzcan los inmuebles que quedaron en el fideicomiso.

Caso Práctico 1:
Supongamos que una madre de familia acude ante usted, como asesor y le pregunta cómo puede cumplir con el pago de los alimentos que les corresponden a sus hijos. Dichos alimentos incluyen la educación. Afirma tener una capacidad económica considerable. También está interesada en planear qué ocurrirá con su patrimonio para después de su muerte y no dejar en el desamparo a sus hijos.

II.- ELEMENTOS JURÍDICOS DEL FIDEICOMISO

A. Concepto

Jurídicamente, el fideicomiso privado en México es un contrato mercantil por virtud del cual una persona llamada fideicomitente transmite la propiedad o la titularidad de bienes o derechos, en favor de una institución financiera que se denominará fiduciario, para que administre los referidos bienes o derechos en favor de uno o varios fideicomisarios o beneficiarios, conforme a fines lícitos y determinados. El fideicomiso no crea personalidad jurídica distinta a la de las partes para el derecho mexicano.

La inmensa mayoría de los fideicomisos privados son irrevocables; es decir, que no es posible dejarlos sin efectos de manera unilateral.

Respecto de la personalidad jurídica resulta de fundamental importancia comprender que el derecho ha tenido que ir evolucionando conforme pasa el tiempo. En ese sentido, hay que hacer mención expresa del Tratado entre los Estados Unidos Mexicanos, los Estados Unidos de América y Canadá (TMEC), ya que dicho ordenamiento considera como empresas a los fideicomisos y a su vez, considera como personas a las empresas, de donde se puede argumentar que para efectos del TMEC los fideicomisos privados podrían tener personalidad jurídica, lo que posiciona al asesor en una situación de alto grado de preparación técnica para abordar asuntos de esta naturaleza[1]. A lo largo de esta obra abordaremos aspectos transfronterizos, como el referido tratado y disposiciones del G20.

Es importante aclarar que el lenguaje utilizado en la anterior definición atiende a tecnicismos jurídicos. Por una parte, cuando se utiliza la frase "transmitir la propiedad", debemos entender cosas (bienes tangibles) y, por otra parte, cuando se utiliza la frase "transmitir la titularidad", se refiere a

---

[1] El lector debe considerar los Principios de Alto Nivel del G20 sobre Transparencia e Integridad del Sector Privado.

títulos de crédito, documentos o derechos. No obstante lo anterior, en ambos casos debemos entender que jurídicamente opera una transmisión de propiedad; un cambio de dueño o titular de los bienes en referencia.

¿Por qué cambia, entonces, el lenguaje en la definición proporcionada para referirse a la propiedad? Es debido, únicamente, a los tecnicismos del Derecho, pues tradicionalmente se utiliza *propiedad* para cosas y *titularidad* para documentos y derechos, aunque en ambos casos se refiera precisamente a propiedad, dominio o ánimo de dueño.

¿Cuál es la naturaleza jurídica del fideicomiso? Existen muchas teorías entorno a este punto y han sido motivo de intenso debate; sin embargo, a juicio del suscrito en esta obra se ha optado por no ahondar en doctrinas que han sido rebasadas por la práctica, la ley y el tiempo. Considero que el fideicomiso privado (que es el que se estudia en esta obra) tiene una naturaleza mercantil y contractual. Respecto a este punto, mucho se había discutido hasta antes de las reformas del año 2003 y el resultado fue contundente, al eliminarse la posibilidad de que el fideicomiso privado se constituyera por testamento (de manera unilateral). Esta versión halla respaldo en la obra del maestro Domínguez Martínez, en la que vale la pena comparar los comentarios hechos al respecto. (Domínguez Martínez, 2008, pág. 51)

En congruencia con lo anterior, el lector puede apreciar el texto del artículo 382 de la LGTOC, que expresa que el fideicomiso será válido, aunque se constituya sin señalar fideicomisario, siempre que su fin sea lícito y determinado, y conste la aceptación del encargo por parte del fiduciario. Debido a la aceptación de la que habla el referido numeral, queda claro que la naturaleza del fideicomiso es contractual, ya que se evidencia el choque de voluntades entre el fideicomitente y el fiduciario, postura con la que concuerdan también los maestros Batiza y Luján, cuya referencia sugiero comparar en su obra de fideicomiso. (Batiza & Luján, 2011, págs. 117-118).

Los fideicomisos no pueden durar más de 50 años, a menos que se designe como beneficiario a una persona moral que sea de derecho público o institución de beneficencia. Pueden constituirse con duración mayor de cincuenta años cuando el fin del fideicomiso sea el mantenimiento de museos de carácter científico o artístico que no tengan fines de lucro.

En la práctica, lo anterior es difícil de encontrar, salvo en tratándose de fideicomisos de zona restringida, donde el extranjero vive en el inmueble respectivo durante toda su vida.

También están prohibidos los fideicomisos secretos y aquellos en los cuales el beneficio se conceda a diversas personas sucesivamente que deban substituirse por muerte de la anterior, salvo el caso de que la substitución se realice en favor de personas que estén vivas o concebidas ya, a la muerte del fideicomitente.

Quisiera destacar el punto relativo al denominado "secreto bancario" contemplado en el artículo 142 de la LIC. En las operaciones de fideicomiso, el hecho de que sean confidenciales determinados datos y elementos, ello no significa que los mismos sean secretos. Secreto es algo no conocido; confidencial es algo conocido solo entre los que tengan un interés determinado, lo que incluye alguna orden de alguna autoridad. Un fideicomiso secreto significa imposibilidad de conocimiento, incluso, por parte de quien tuviere algún tipo de interés o derecho sobre el fideicomiso y ello es lo que resulta prohibido. Por su parte, privacidad significa que se debe cuidar la información confidencial, así como los datos personales de las partes.

No obstante lo anterior, las instituciones de crédito estarán obligadas a dar las noticias o información a que se refiere la LIC, cuando lo solicite la autoridad judicial en virtud de providencia dictada en juicio en el que el titular o, en su caso, el fideicomitente, fideicomisario o fiduciario sea parte o acusado.

Para los efectos citados, la autoridad judicial podrá formular su solicitud directamente a la institución de crédito, o a través de la Comisión Nacional Bancaria y de Valores.

Las excepciones al secreto bancario son las siguientes, cuando alguno de los siguientes sujetos (en el ámbito de sus atribuciones) requiera información fiduciaria:

1. El Fiscal General de la República y los locales
2. El Procurador General de Justicia Militar
3. Las autoridades hacendarias federales, para fines fiscales
4. La Secretaría de Hacienda y Crédito Público, a través de la Unidad de Inteligencia Financiera, para efectos de Prevención de Lavado de Dinero (PLD)
5. El Tesorero de la Federación
6. La Auditoría Superior de la Federación
7. El titular y los subsecretarios de la Secretaría de la Función Pública
8. La Unidad de Fiscalización de los Recursos de los Partidos Políticos, órgano técnico del Consejo General del Instituto Nacional Electoral

Cabe también aclarar que en materia de extinción de dominio, para solicitar la información de los clientes de las instituciones de crédito y demás entidades integrantes del sistema financiero, de los fideicomisos, en protección del derecho a la privacidad de sus clientes y usuarios, así como la tributaria protegida por el secreto fiscal, se realizará previa autorización judicial, quien hará el requerimiento y, una vez recabada la información, la hará del conocimiento del Ministerio Público para el solo efecto de la acción de extinción de dominio.

B. Partes del fideicomiso

Como se puede apreciar en la definición, han aparecido diferentes partes en el contrato de fideicomiso. Efectivamente, se trata de un contrato tripartita donde participa un fideicomitente, un fiduciario y un fideicomisario (que pueden ser en plural). Para fines pedagógicos siempre identifico al fideicomiso como un triángulo equilátero, cuyo primer ángulo de izquierda a derecha es el fideicomitente (es parte de la base); en el ángulo superior se encuentra el fiduciario y el ángulo inferior izquierdo es el fideicomisario.

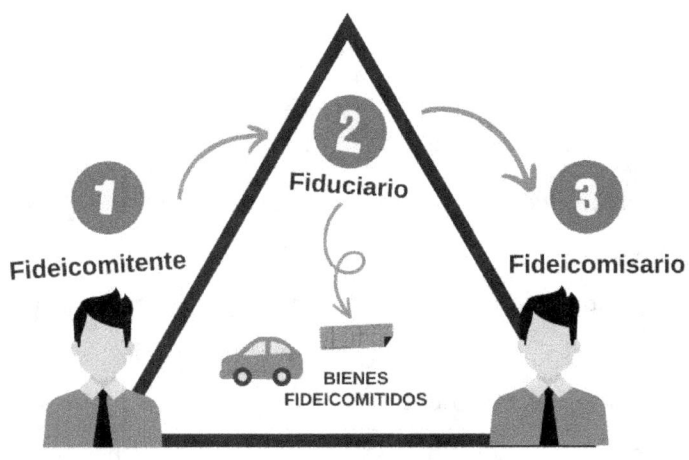

Ilustración 1 - El Fideicomiso General

Fideicomitente

Es la persona física o moral que aporta sus bienes en propiedad en favor del fiduciario. Podemos decir que es quien "activa" el fideicomiso, pues presuntivamente es quien ha planeado la celebración del contrato y por iniciativa de este, el fiduciario es que inicia su actuación como tal.

Se afirma que es quien "presuntivamente" ha planeado el fideicomiso, pues en la práctica puede darse que también los fideicomisarios participen en su planeación, como podría ocurrir en un fideicomiso de garantía o en el de zona restringida, sin perjuicio de que también pueda ocurrir en otro tipo de fideicomisos. Todo esto es parte de lo que debe previsualizar el asesor en un asunto de esta índole.

Sólo pueden ser fideicomitentes las personas con capacidad para transmitir la propiedad o la titularidad de los bienes o derechos objeto del fideicomiso, según sea el caso, así como las autoridades judiciales o administrativas competentes para ello. Las principales actividades del o de los fideicomitentes son:

1. Planear la celebración del fideicomiso (esto implica allegarse de los asesores necesarios)

2. Aportar en propiedad los bienes

3. Encomendar los fines al fiduciario

4. Designar fideicomisarios

5. Reservarse derechos (como el de reversión o algunos inherentes a los bienes)

6. Revocar el fideicomiso, si se hubiere reservado tal derecho

7. Participar en la terminación del contrato de fideicomiso

8. Utilizar los bienes fideicomitidos

9. Percibir y utilizar los frutos y productos de los bienes fideicomitidos

10. Girar instrucciones al fiduciario

11. Exigir cuentas a los administradores y/o institución fiduciaria, respecto del funcionamiento del fideicomiso

12. Invertir en la celebración del fideicomiso (implica honorarios fiduciarios, gastos, viáticos, etcétera)

El fideicomitente puede ser tanto una persona física o moral, siempre y cuando tenga libre disposición de sus bienes; es decir, que pueda transmitir la propiedad de los bienes de su interés, como pudiera ser contar con facultades de dominio, ser propietario de los bienes o tener capacidad de ejercicio. El ser fideicomitente implica que no hay impedimento alguno para que se transmita la propiedad de los bienes de su interés al fiduciario, como pudiera ser que sean bienes con algún tipo de gravamen, ajenos o intransferibles por algún otro motivo (como en fraude de acreedores).

Para el caso de un apoderado, habrá que distinguir respecto del tipo de patrimonio del poderdante, ya que no será lo mismo un patrimonio de explotación, que un patrimonio común del derecho civil. Por ejemplo, si una persona física no comerciante deseare otorgar un poder, para que el apoderado aporte en su representación algunos de sus bienes a un fideicomiso, entonces se requerirá un poder para actos de dominio, que para el caso seguramente será limitado al acto de aportación al fideicomiso. Caso contrario si se tratare de una sociedad mercantil cuyo objeto social permitiera la operación y, a través del fideicomiso, viera cumplimentados sus fines sociales; es decir, que dicha aportación sea una parte del desarrollo de su giro empresarial. Pensemos en una empresa cuyo objeto social tuviere contemplado, de manera expresa, garantizar obligaciones a cargo de terceros. En este caso, la aportación a un fideicomiso de garantía sería un acto de administración de la sociedad mercantil, pues "a eso se dedica", aunque en la práctica se puedan poner limitaciones o "candados", dependiendo el monto de la operación.

Como regla general, el fideicomitente debe ser mayor de edad en pleno goce y ejercicio de sus derechos civiles. Por excepción, un menor de edad podría transmitir la propiedad en favor de un fiduciario en los casos que limitativamente citen las leyes civiles de cada estado. Por ejemplo, en los estados donde aún existe el matrimonio de menores de edad, en cuyo caso el menor se emancipa, éste bien podría aportar la propiedad de sus bienes sin necesidad de que interviniera persona alguna, pues en ese caso ya no estaría sujeto a patria potestad, ni tutoría alguna. Como excepción a la excepción, en el caso que referimos, cabe resaltar que, si se trata de bienes inmuebles, el menor de edad emancipado seguramente requerirá alguna licencia de un juez civil de primera instancia para aportarlos a un fideicomiso.

No obstante lo anterior, el matrimonio de los menores de edad se ha venido aboliendo debido a convenciones internacionales que protegen el interés superior del menor y por ello la figura de emancipación está prácticamente extinta en el derecho mexicano.

Es importante destacar también que, en materia bancaria, los menores de edad también cuentan con capacidad jurídica de ejercicio, pues el recién reformado artículo 59 de la LIC permite a los adolescentes que, a partir de los 15 años cumplidos, celebren contratos de depósito bancario de dinero, así como que puedan disponer de los fondos depositados en dichas cuentas, sin la intervención de sus representantes. En muchas ocasiones los fideicomisos tienen lo que se denomina "cuenta maestra" a donde se depositan recursos líquidos (dinero) del fideicomiso.

Para el caso de los cónyuges casados en sociedad conyugal, ambos deberán dar su consentimiento de aportar el o los bienes a un fideicomiso, siempre y cuando dichos bienes pertenezcan a la sociedad conyugal (Artículo 194 del Código Civil Federal (CCF).

Respecto de los bienes del hijo, los que ejercen la patria potestad no pueden enajenar (a un fideicomiso) ni gravar de modo alguno los bienes inmuebles y los muebles preciosos que correspondan al hijo, sino por causa de absoluta necesidad o de evidente beneficio, y previa la autorización del juez competente.

En tanto a los tutores la regla es parecida, pues los bienes inmuebles, los derechos anexos a ellos y los muebles preciosos, no pueden ser enajenados (a un fideicomiso) ni gravados por el tutor, sino por causa de absoluta necesidad o evidente utilidad del menor, o del mayor con alguna de las incapacidades a las que se refiere el artículo 450 fracción II del CCF debidamente justificada y previa a la confirmación del curador y la autorización judicial. Por lo que hace a deudas mortuorias, si para el pago de una deuda u otro gasto urgente, fuere necesario vender algunos bienes (o aportarlos a un fideicomiso), el albacea deberá hacerlo de acuerdo con los herederos, y si esto no fuere posible, con aprobación judicial.

Por último, resulta curioso el caso de las empresas mineras que están obligadas, por cada lote minero, a presentar previo al otorgamiento del título de concesión de que se trate, un vehículo financiero, como un fideicomiso, para garantizar las medidas de prevención, mitigación y compensación derivadas del dictamen de impacto social correspondiente.

En el ámbito penal también operan los fideicomisos, ya que el artículo 173 del Código Nacional de Procedimientos Penales (CNPP) permite que la garantía económica podrá constituirse mediante fideicomiso. Al decidir sobre la medida cautelar consistente en garantía económica, el Juez de control previamente tomará en consideración la idoneidad de la medida solicitada por el Ministerio Público.

Fideicomitentes Adherentes

En la práctica fiduciaria existe lo que se denomina "fideicomitente adherente". No significa otra cosa que, como su nombre lo indica, nuevos fideicomitentes se van "subiendo" al fideicomiso; es decir, mediante la aportación en propiedad de bienes o derechos toman el carácter de fideicomitentes y aspirarán a algún beneficio determinado como fideicomisarios. Los referidos fideicomitentes gozarán de los derechos que les confiera el contrato. En dichas prácticas fiduciarias, la documentación que le dé materialidad al acto puede variar. Suelen emitirse "constancias de aportación"; "certificados de aportación"; "convenios de adhesión" u otros similares.

Sea como se les denomine a tales documentos, es importante considerar que no suelen ser sinónimos necesariamente. Recordemos que la libertad contractual y el artículo 1851 del CCF, así como el artículo sexto de la LIC (por lo que hace a los usos y prácticas bancarios y mercantiles), nos permiten deducir que no importa cómo se le denomine a un acuerdo de voluntades, mientras la voluntad quede perfectamente clara. Así, un contrato bien podría denominarse "convenio", "acuerdo", "pacto", "unión de esfuerzos" o alguna denominación parecida en otro idioma inclusive, pero lo más importante será lo que establezcan las cláusulas o disposiciones.

En congruencia con lo anterior, cuando un fideicomitente adherente se "sube" a un fideicomiso determinado, necesariamente implica que aportó en propiedad bienes o derechos. En ese caso, si son bienes muebles se le puede entregar cualquier tipo de constancia donde conste la citada aportación, con el o los bienes individualizados y perfectamente determinados, con citación clara de las partes y probablemente con la transcripción de algunas cláusulas del contrato de fideicomiso.

Cuando se trate de bienes inmuebles, la aportación deberá ser en escritura pública ante notario público, por lo que podría obviarse algún otro tipo de documento comprobatorio, ya que la escritura surte de por sí los efectos legales, fiscales y administrativos necesarios. No obstante, puede ser que exista Convenio de Adhesión y escritura de aportación de bienes inmuebles al fideicomiso.

En algunos fideicomisos puede pactarse que se requiera un Convenio de Adhesión cuando un fideicomitente se adhiera al fideicomiso. Dicho convenio se debe celebrar, por una parte, entre el fiduciario actuando en el fideicomiso concreto y, por otra parte, el nuevo fideicomitente adherente. Esto es debido a que la relación jurídica, como también ocurre con los fideicomitentes "fundadores", es con la fiduciaria, máxime que será quien reciba en propiedad los bienes o derechos.

En caso de discrepancia entre el contenido del convenio de adhesión con el contrato de fideicomiso, entonces el fiduciario podría incurrir en responsabilidad por irrespetar el contenido del contrato original. El convenio de adhesión debe expresar claramente:

- Los antecedentes que expliquen la presencia de las partes en el convenio de adhesión, como el contrato de fideicomiso, alguna posible negociación previa con cartas de intención, etcétera.
- Declaraciones relativas a la libre voluntad; del conocimiento del contrato de fideicomiso; del contenido de estatutos sociales, si el fideicomitente adherente es persona moral y otras particulares del caso.
- La voluntad del fideicomitente adherente de formar parte del fideicomiso
- De respetar las cláusulas del contrato de fideicomiso
- La expresión clara y terminante de los bienes o derechos que se aportan al fideicomiso, por parte del fideicomitente adherente. Asimismo, los citados deben ser ciertos y determinados.
- La voluntad de adherirse al clausulado del fideicomiso

En el fideicomiso de garantía (que analizaremos más adelante) y en otros fideicomisos que así se pacten, existe una manera distinta de que un bien o derecho sea aportado a un fideicomiso, sin necesidad de una constancia de aportación. Podríamos decir que es una aportación que llega "por el otro lado" del fideicomiso y ocurre cuando el fideicomitente instruye al fiduciario la enajenación de los bienes fideicomitidos. En estos casos cesan los efectos de la garantía fiduciaria y los derechos de persecución con relación a los adquirentes de buena fe, pero quedan afectos al fideicomiso los bienes o derechos que el fiduciario reciba o tenga derecho a recibir en pago por la enajenación de los referidos bienes.

Por ejemplo, para asegurar (garantizar) el pago de una deuda de dos millones de pesos mexicanos se aporta una casa habitación con un valor comercial de cinco millones de pesos. Ante el posible incumplimiento que prevé el deudor, instruye el fiduciario para que venda dicho inmueble y así obtenga recursos líquidos con el producto de la venta, que serán aplicados a la deuda. La contraprestación pagada en dicha venta entrará de forma automática al fideicomiso, sin importar si fue compraventa, permuta u otra operación. Lo importante es que, como el fideicomiso de garantía tiene como fin "garantizar" el pago de una deuda, lo que se obtenga con la enajenación entre directamente al Fideicomiso, quedando afectado al mismo. En nuestro ejemplo, al tratarse de una casa habitación, el acto necesariamente deberá celebrarse en escritura pública, por lo que el vendedor será el fiduciario y el comprador será un tercero.

Al efecto, la configuración correcta de esta operación debería ser: Compraventa en Ejecución de Fideicomiso y Extinción Parcial del mismo, que celebra la institución fiduciaria actuando única y exclusivamente en el fideicomiso X y, por otra parte, el comprador. Asimismo, deberá hacerse mención de que el precio deberá ingresar a las arcas del fideicomiso para cumplir con lo anteriormente indicado. Tratándose de bienes muebles la operación resulta menos compleja, pues simplemente se celebrará la compraventa sin escritura pública, a menos que así lo acuerden las partes.

Fiduciario

El fiduciario o fiduciaria es quien ostenta y recibe la propiedad o titularidad de los bienes o derechos fideicomitidos por parte del fideicomitente. Solo puede ser fiduciario una institución financiera.

Dichas instituciones financieras son, de forma limitativa y expresa:

A. Instituciones de crédito para operar cualquier clase de fideicomisos (Artículo 46, fracción XV de la LIC)

B. Instituciones de Seguros para fideicomisos de garantía (Artículo 395, fracción II de la LGTOC y el artículo 118 fracción XXIII de la Ley de Instituciones de Seguros y Fianzas [LISF]) y de administración en que se afecten recursos relacionados con el pago de primas por los contratos de seguros que se celebren. Vale la pena decir que solo pueden celebrar fideicomisos con los capitales mínimos que les exige su ley y requieren autorización discrecional de la Secretaría de Hacienda y Crédito Público (SHCP).

C. Instituciones de fianzas sólo en el caso de fideicomisos de garantía con la facultad de administrar los bienes fideicomitidos en los mismos, los cuales podrán o no estar relacionados con las pólizas de fianzas que expidan (Artículo 395, fracción III de la LGTOC y 144 fracción XVII de la LISF). Les aplica el mismo requisito señalado en el inciso anterior, por lo que hace a la autorización de hacienda y los capitales requeridos.

D. Casas de Bolsa (Artículo 395, fracción IV de la LGTOC). Pueden celebrar contratos de fideicomisos de garantía; Fideicomisos de Inversión en Capital de Riesgo (FICAPS), de acuerdo con el artículo 192 de la Ley del Impuesto Sobre la Renta (LISR) y Fideicomisos de Inversión en Bienes Raíces (FIBRAS), de acuerdo con el artículo 187 de la LISR con los capitales mínimos que les exige la Ley del Mercado de Valores (LMV). Requieren autorización discrecional de la SHCP.

E. Sociedades Financieras de Objeto Múltiple (SOFOMES), entidades reguladas o no reguladas, con registro vigente ante CONDUSEF (Artículo 395, fracción V de la LGTOC). El referido registro es el Sistema de Registro de Prestadores de Servicios Financieros

(SIPRES), que precisamente está a cargo de la CONDUSEF, como organismo público descentralizado con personalidad jurídica y patrimonio propios.

F. Almacenes Generales de Depósito (Artículo 395, fracción VI de la LGTOC). Les aplican requisitos similares a los incisos B y C.

G. Uniones de Crédito nivel de operaciones III (Artículo 395, fracción VII de la LGTOC y 40 fracción XVI y último párrafo de la Ley de Uniones de Crédito [LUC]).

H. Sociedades Operadoras de Fondos de Inversión (Artículo 395, fracción VIII de la LGTOC y 51 BIS 1 de la Ley de Fondos de Inversión [LFI]), bajo el entendido que solo pueden operar fideicomisos cuyos fines sean negocios directamente vinculados con las actividades que les sean propias; se trate de fideicomisos de administración o de garantía; los recursos se reciban exclusivamente de personas plenamente identificadas al celebrar la operación y que se destinen a adquirir o administrar bienes, derechos, efectivo o valores autorizados para los fondos de inversión y el patrimonio fideicomitido esté solamente compuesto de bienes, derechos, efectivo o valores autorizados para los fondos de inversión que administren.

I. Sociedades Financieras Populares, niveles III y IV (Artículo 36, fracción III y IV de la Ley de Ahorro y Crédito Popular [LACP]).

De lo anterior, el lector puede advertir que la actividad fiduciaria está reservada y monopolizada por instituciones financieras, reguladas, con capitales mínimos y cuya constitución requiere de una autorización por parte de diversas autoridades administrativas, a excepción de las SOFOMES.

Efectivamente, la única empresa o sociedad que puede operar como fiduciaria, fideicomisos en México y sin requerir capitales mínimos, ni autorizaciones, es precisamente la SOFOM. El único caso en la que ésta requeriría capitales mínimos sería en el evento de que fuera Entidad Regulada por voluntad de la empresa, en cuyo caso requerirán que su capital social suscrito y pagado, sin derecho a retiro, así como su capital contable, sea cuando menos equivalente en moneda nacional a 2,588,000 unidades de inversión[2], tal y como lo indica la Ley General de Organizaciones y Actividades Auxiliares del Crédito (LGOAAC). Para verificar la variación en las UDIS se sugiere verificar en Banco de México.

La fiduciaria debe aceptar expresamente su cargo por mandato de ley. Ello es un elemento *sine qua non* para que exista el fideicomiso. Dicha aceptación es manifestación de voluntad, por lo que podemos deducir que se trata de un contrato al celebrarse con el fideicomitente, tal y como hemos establecido.

Puede ser que en un fideicomiso exista más de una fiduciaria, como podría ocurrir en el caso de una fiduciaria ejecutora en un fideicomiso de garantía o en cualquier otro fideicomiso donde, por ejemplo, la primera fiduciaria tenga un conflicto de interés. En dicho caso, el asesor debe ser muy cuidadoso en señalar y acordar las cláusulas de sustitución y actuación de cada fiduciario. La fiduciaria también participa en la extinción o terminación del fideicomiso.

---

[2] Esta cifra es a noviembre de 2023. Considere usted que las Unidades de Inversión (UDIS) tienen variación constante.

Ahora bien, la ley impone diversas obligaciones a quienes actúan como fiduciarios. Esto es de extrema relevancia, pues como se indicó al inicio de este apartado, es la fiduciaria quien recibe la propiedad de los bienes que le transfiere el fideicomitente. Dichas obligaciones y responsabilidades se encuentran tanto en la LGTOC, como en la LIC, dentro de los servicios que prestan las instituciones de crédito. Efectivamente, el fideicomiso no se encuentra ni en las actividades activas, ni en las pasivas de las instituciones de banca múltiple, sino en los "servicios", que se encuentran del artículo 77 al 85 bis 1 de la LIC.

La fiduciaria está obligada a abrir contabilidades especiales por cada contrato de fideicomiso, debiendo registrar en las mismas y en su propia contabilidad el dinero y demás bienes, valores o derechos que se les confíen, así como los incrementos o disminuciones, por los productos o gastos respectivos. Invariablemente deberán coincidir los saldos de las cuentas controladas de la contabilidad de la institución de crédito, con los de las contabilidades especiales. Asimismo, en ningún caso los bienes fideicomitidos pueden estar afectos a otras responsabilidades que las derivadas del fideicomiso mismo, o las que contra ellos correspondan a terceros de acuerdo con la ley.

La responsabilidad en la que incurre la fiduciaria, en caso de dolo o negligencia, es responsabilidad civil (responsabilidad fiduciaria), sin perjuicio de la penal que pudiere resultar. La LIC en su artículo 80, segundo párrafo, nos muestra que la institución fiduciaria responderá civilmente por los daños y perjuicios que se causen por la falta de cumplimiento en las condiciones o términos señalados en el fideicomiso o la propia ley.

El fideicomiso es una actividad rogada, lo que significa que debe mediar la voluntad primigenia del fideicomitente, quién "solicitará" la celebración de un fideicomiso a la institución fiduciaria, por lo que ésta no puede crear fideicomisos a su simple voluntad, salvo que lo tenga expresamente autorizado, como ocurriría en un fideicomiso de garantía. La fiduciaria debe actuar, en todo caso, libre de conflictos de interés en las operaciones de fideicomiso ya que, en caso contrario, podría ser acreedora a consecuencias civiles y penales en términos de responsabilidad.

Es importante considerar el denominado "Conflicto de Agencia". Los Principios de Gobierno Corporativo de la OCDE y del G20 sugieren que los inversores institucionales[3] que actúen en calidad de fiduciarios comunicarán el modo en que gestionan los conflictos de intereses sustanciales que puedan influir en el ejercicio de los derechos de propiedad fundamentales relativos a sus inversiones. Conflicto de Agencia se refiere al desajuste en los intereses que puede existir entre un participante de una unidad económica de mayor jerarquía y otro de inferior o distinta jerarquía.

Por ejemplo, el Conflicto de Agencia se presenta en el momento en el que la fiduciaria actúa contra los intereses del fideicomitente o de los fideicomisarios. Si bien es cierto que entre ellos no existe una jerarquía vertical, también es cierto que sí hay una jerarquía horizontal en tanto a que la fiduciaria es propietaria de los activos, pero los fideicomitentes y fideicomisarios son los que deciden el destino de estos. En este supuesto resulta claro que podría presentarse un Conflicto de Agencia si la fiduciaria, de acuerdo con sus intereses, como el hecho de cobrar honorarios y velar por la dilución de la responsabilidad fiduciaria, entorpeciere la ejecución de las instrucciones del fideicomitente para realizar una desinversión del patrimonio fideicomitido.

---

[3] Inversionistas Institucionales son las instituciones de seguros y de fianzas, únicamente cuando inviertan sus reservas técnicas; los fondos de inversión; las sociedades de inversión (hoy, Fondos de Inversión) especializadas de fondos para el retiro; los fondos de pensiones o jubilaciones de personal, complementarios a los que establece la Ley del Seguro Social y de primas de antigüedad, que cumplan con los requisitos señalados en la Ley de Impuesto sobre la Renta, así como los demás que la Secretaría de Hacienda y Crédito Público autorice como tales expresamente, oyendo la opinión de la Comisión Nacional Bancaria y de Valores. Básicamente, se refiere a instituciones financieras.

Por otro lado, supongamos que el fideicomiso tiene acciones dentro del patrimonio fideicomitido y es llegado el momento de votar en asamblea por la fusión de la empresa con un agente económico mayor. Imaginemos que, por una parte, el fideicomitente considerara que esa fusión no implica una Concentración Empresarial, pero el fiduciario considerara lo contrario. En ese caso, se presenta un Conflicto de Agencia, pese a que el fiduciario es el dueño de las acciones de la respectiva empresa. En todo caso, lo conducente será acudir a las autoridades competentes para consultar respecto de una probable Concentración Empresarial[4] ilícita, ya que el fiduciario no querrá incurrir en responsabilidad civil por emitir su voto ante una probable actividad ilícita que tuviere por objeto disminuir, dañar o impedir la competencia y la libre concurrencia respecto de bienes o servicios iguales, similares o sustancialmente relacionados.

Por todo lo anterior, la fiduciaria debe ser cautelosa en términos de evitar el Conflicto de Agencia. En ocasiones las diferencias entre los participantes (fiduciario y fideicomitente) pueden tener justificación legal o comercial; sin embargo, ello podría agravarse en el momento en el que el grupo financiero al que perteneciere la fiduciaria tuviere conflicto de interés con la operación a votar en asamblea, en el caso de acciones u otros casos similares.

En todo caso, lo que propone tanto el G20, como la OCDE, es que se pongan de manifiesto, se transparenten y se revelen los posibles conflictos de intereses y Conflictos de Agencia que fueren conocidos o susceptibles de ser conocidos al momento de que se presenten. Asimismo, sugieren que las instituciones divulguen las medidas que están adoptando para minimizar el posible impacto negativo sobre su capacidad para ejercer los derechos de

---

[4] Concentración empresarial: la fusión, adquisición del control o cualquier acto por virtud del cual se unan sociedades, asociaciones, acciones, partes sociales, fideicomisos o activos en general que se realice entre competidores, proveedores, clientes o cualesquiera otros agentes económicos.

propiedad fundamentales (la propiedad fiduciaria), aunado el hecho de que los honorarios fiduciarios deben ser completamente transparentes. La transparencia fiduciaria es fundamental para el correcto funcionamiento de los fideicomisos y, cuando participe inversión extranjera, de tal suerte que les resultare aplicable el TMEC, habrá que remitirnos también a los Principios de Alto Nivel del G20 sobre Transparencia e Integridad del Sector Privado, que son mencionados en el propio TMEC. En ese sentido, resulta clara la intención de dichos principios, pues no pretenden crear nuevos estándares ni representar ningún tipo de requisito legalmente vinculante para las empresas o los estados miembros del G20, como México. Más bien, su objetivo es fomentar el compromiso de las empresas, desde pequeñas y medianas (PYME) hasta grandes, con los controles internos, la ética y el cumplimiento, la transparencia y la integridad, bajo el entendido que el TMEC considera como empresas a los fideicomisos.

En el terreno de la asesoría fiduciaria, el asesor debe poner especial cuidado en que se incorporen cláusulas para diluir lo más posible el Conflicto de Agencia, los demás conflictos de intereses y los mecanismos de excepción a los referidos conceptos.

El fiduciario puede ser removido por incumplimiento, sin perjuicio de la responsabilidad fiduciaria en la que pudiere incurrir. De hecho, lo anterior es una causal para la terminación del fideicomiso cuando esto ocurre y no es posible sustituir al fiduciario, como ser verá en el apartado de terminación del fideicomiso.

La remoción del fiduciario puede implicar la responsabilidad para el mismo. En caso de renuncia, solo eventualmente podría implicar responsabilidad, pues podría derivar únicamente de una inconformidad en el pago de honorarios o en los manejos y negociaciones entorno al mismo fideicomiso, sin que ello necesariamente implique un incumplimiento contractual.

El Fideicomisario

Pueden ser fideicomisarios las personas que tengan la capacidad necesaria para recibir el provecho que el fideicomiso implica. Literalmente, así reza el artículo 382 de la LGTOC. El fideicomisario es un beneficiario del fideicomiso.

Ahora bien ¿Quién puede tener la capacidad "necesaria" para recibir provechos? La respuesta podría ser tan amplia como compleja. Si el legislador hubiera querido decir que se refiere a la capacidad de ejercicio, entonces así lo hubiera hecho; sin embargo, optó por decir que solo se requiere la capacidad "necesaria" para recibir el provecho que el fideicomiso implica, lo que nos obliga a distinguir entre "tipos de provechos".

En términos constitucionales, si dichos beneficios fueran alimentos, entonces atendiendo al interés superior del menor, cualquier persona con dicha característica podría ser fideicomisaria. Lo anterior se demuestra por el contenido de la fracción II del artículo 394 de la LGTOC, que incluso permite al concebido ser fideicomisario. Por mayoría de razón, si el concebido puede ser fideicomisario, también puede serlo un menor de edad ya nacido, pero que aún no ha cumplido la mayoría de edad.

Por otro lado, hay que distinguir si los provechos son bienes (activos materiales) o dinero. En este último caso, habría que distinguir nuevamente, pues habrá determinados beneficios que requerirán de la intervención de un representante del menor. No es lo mismo un fideicomiso que fue celebrado para dar alimentos en dinero a los hijos menores de edad y cuyos recursos son para pagar la colegiatura en alguna institución educativa, que aplicarles recursos directamente en sus cuentas bancarias, provenientes de las rentas de un edificio que tiene oficinas y son arrendadas por distintos arrendatarios.

La regla general en materia bancaria es que las cuentas de depósito bancario de dinero podrán ser abiertas a favor de personas menores a dieciocho años a través de sus representantes legales, en cuyo caso las disposiciones de fondos solo podrán ser hechas por los representantes del titular.

Por excepción, el recién reformado artículo 59 de la LIC establece que los menores no requieren intervención de sus representantes para abrir cuentas bancarias, siempre y cuando tengan más de 15 años cumplidos, pero con las limitaciones que establece la normatividad secundaria. Al efecto, la Circular 23/2020 de Banco de México, establece que dichas cuentas para adolescentes solamente podrán recibir recursos en moneda nacional de México vía transferencia (nunca en efectivo); no podrán recibir más de tres mil Unidades de Inversión (UDIS) al mes y los recursos transferidos solo podrán provenir de programas gubernamentales o de sus patrones (nómina). En este caso sería francamente difícil pensar que un fideicomiso pudiere entrar en ese supuesto, pues tendría que ser patrón o programa gubernamental y para el primer caso, tanto la Ley del Seguro Social, como la Ley Federal del Trabajo solo admiten como patrones a personas físicas o morales.

Para que un fideicomiso exista no es indispensable que se designen fideicomisarios desde el acto constitutivo del fideicomiso, ya que pueden designarse en un acto posterior.

Hay ocasiones en las que el fiduciario puede ser tanto fiduciario como fideicomisario al mismo tiempo, en cuyo caso es importante pactar cláusulas para dirimir conflictos de interés, pues como hemos visto, el fiduciario ostenta la propiedad de los bienes y el hecho de que al mismo tiempo reciba beneficios, podría hacerle incurrir en conflictos de interés, por lo que es natural que este "empate" de partes se presente en fideicomisos de garantía de créditos a favor del fiduciario, donde la propiedad de los bienes es la garantía de pago que aportó el fideicomitente y el acreedor fiduciario sea el fideicomisario, quien desde luego debe ser pagado.

Cabe destacar que están prohibidos aquellos en los cuales el beneficio se conceda a diversas personas sucesivamente que deban substituirse por muerte de la anterior, salvo el caso de que la substitución se realice en favor de personas que estén vivas o concebidas ya, a la muerte del fideicomitente. A su vez, los fideicomisarios pueden irse designando conforme el contrato tenga vida en sí, por lo que nada impide, más que la voluntad de las partes, agregar más fideicomisarios a un mismo fideicomiso. Por ejemplo, en el caso del fideicomiso de garantía, un mismo fideicomiso podrá ser utilizado para garantizar simultánea o sucesivamente diferentes obligaciones que el fideicomitente contraiga, con un mismo o distintos acreedores, a cuyo efecto se estipularán las reglas y en su caso, las prelaciones aplicables de los fideicomisarios. Efectivamente, si el acreedor es quien debe ser pagado, entonces será quien reciba un beneficio del fideicomiso, por lo que toma el carácter de fideicomisario.

En el caso anterior, cada fideicomisario estará obligado a notificar a la institución fiduciaria cuando la obligación a su favor haya quedado extinguida, en cuyo caso quedarán sin efectos los derechos que respecto de él se derivan del fideicomiso. La notificación deberá entregarse mediante fedatario público (corredor o notario público) a más tardar a los cinco días hábiles siguientes a la fecha en la que se reciba el pago. En el caso de fideicomisos con fideicomisarios sucesivos y no simultáneos, a partir del momento en que el fiduciario reciba la mencionada notificación, el fideicomitente podrá designar un nuevo fideicomisario.

Cuando sean dos o más fideicomisarios y deba consultarse su voluntad, en cuanto no esté previsto en el fideicomiso, las decisiones se tomarán por mayoría de votos computados por representaciones y no por personas. En caso de empate, decidirá el juez de primera instancia del lugar del domicilio del fiduciario. Claramente, la anterior es una norma supletoria ante una omisión en el contrato.

Del caso anterior:

La madre de familia quiere asegurarse de que sus hijos reciban apoyo financiero para su educación universitaria. Para ello, podría crear un fideicomiso educativo. En este fideicomiso, ella sería la fideicomitente, junto con el padre, mientras que sus hijos serían los fideicomisarios. Ella podría transferir una cierta cantidad de dinero o activos al fideicomiso (al fiduciario), que se utilizarían exclusivamente para pagar los gastos educativos de sus hijos, como matrícula, libros y gastos relacionados con la educación. El fideicomiso podría especificar las condiciones bajo las cuales se distribuirán los fondos, como la edad de los hijos en la que pueden acceder a los fondos, y cualquier otra regla que también el padre considere importante. Incluso, podría abarcar el hecho de que esos recursos se apliquen en favor de sus hijos para después de su muerte.

C. Comité Técnico

El Comité Técnico es un órgano colegiado, sin personalidad jurídica (por lo que no es parte del contrato) y de carácter potestativo, que toma decisiones similares a como lo haría un consejo de administración de una empresa. Se integra por miembros que requieren ser convocados, deliberan y resuelven sobre puntos importantes que les ordena el propio contrato y/o la ley.

La regulación específica del Comité Técnico se encuentra en la circular 1/2005 de Banco de México, que establece que, en caso de existir un Comité Técnico, se deberá prever en el contrato de fideicomiso por lo menos lo siguiente:

i) La forma en que se integrará;

ii) La forma en que tomará sus resoluciones, y

iii)   El mecanismo a través del cual informará el contenido de dichas resoluciones a la Institución Fiduciaria y, en su caso, a otras personas.

El fundamento legal del Comité Técnico se encuentra en el artículo 80 de la LIC. No obstante que, para otras instituciones financieras no se menciona expresamente al Comité Técnico, también es verdad que la LGOAAC deja entre líneas la posibilidad de que se instaure tal órgano. En el artículo 87-Ñ fracción II de dicha ley se menciona la existencia del mismo. Sin perjuicio de lo anterior, la libertad contractual permitirá a los interesados crear un Comité Técnico.

¿Qué es y para qué sirve un Comité Técnico? Su función real es la de ponderar los intereses de las partes. Cada parte, sea fideicomitente, fiduciario y fideicomisarios, pueden tener diversos intereses. Asimismo, puede ser que haya una cantidad importante de fideicomitentes y fideicomisarios, por lo que el Comité Técnico será de utilidad para que cada grupo de interés o persona, en lo individual, tenga voz y voto en las decisiones que se tomen respecto del fideicomiso.

¿Por qué puede existir un Comité Técnico en un fideicomiso, si quien tiene la propiedad de los bienes es el fiduciario? Esto ocurre porque las partes pueden desear tomar parte activa en las decisiones que se tomen respecto del patrimonio fideicomitido, pero también respecto de las modificaciones del contrato o dispersión de recursos, por lo que preferirán conformar un órgano colegiado que gire instrucciones al fiduciario. Es decir, el Comité Técnico no sustituye al fiduciario, sino que le instruye determinadas decisiones.

El asesor debe ser muy puntual en la conformación del Comité Técnico, ya que en parte él es el responsable de sugerir si conviene o no prever su existencia en el contrato de fideicomiso o en sus modificaciones.

¿De qué dependerá? De que observe que hay intereses encontrados en el fideicomiso que podrían generar conflictos en el futuro.

Por ejemplo, pensemos en un "fideicomiso inmobiliario, de inversión, garantía y fuente de pago". Dicho fideicomiso tiene como fin construir un complejo inmobiliario con plaza comercial, oficinas, departamentos y un campo de golf en zona de costa. Supongamos que en dicho fideicomiso participan como fideicomitentes dos desarrolladores inmobiliarios nacionales con capital y recursos materiales. A lo anterior, sumemos la posibilidad de que participen dos empresas fondeadoras de recursos provenientes de Estados Unidos, quienes también actúan como fideicomitentes. Por último, pensemos que dicho fideicomiso cuenta con otros 10 fideicomitentes inversionistas de diferentes nacionalidades. En dicho caso, todos tienen intereses en común, pero también intereses encontrados, como pudiera ser que vean un retorno de su inversión más el rendimiento correspondiente. Otros, probablemente, querrán ser pagados en especie con parte del desarrollo inmobiliario. Los inversionistas extranjeros pueden solicitar (como ocurre muchas veces) que la dispersión de recursos se canalice necesariamente vía fideicomiso mexicano, por lo que, a la vez, requerirán garantía fiduciaria. En el ejemplo propuesto claramente vemos la imperiosa necesidad de crear un Comité Técnico que pondere los intereses de todos los participantes, pues en caso de controversias o disidencias, las partes podrían llevar el contrato al terreno del litigio.

No solamente puede existir un Comité Técnico, sino que además pueden existir tantos comités como sea necesario; sin embargo, el asesor debe extremar precauciones pues esto podría entorpecer la vida útil del fideicomiso, por lo que ello resulta recomendable solo cuando verdaderamente sea necesario. Dichos comités adicionales suelen presentarse en fideicomisos de inversión o de generación de valor, ya sea para el pago de deudas, inversiones u otros contratos financieros como colocación de certificados fiduciarios en bolsas de valores. Ante esa situación puede haber un Comité de Adhesiones; un Comité de Prácticas Fiduciarias; Comité de Auditorías, etcétera y se rigen por la libertad contractual de las partes. La implementación de diversos comités puede favorecer la transparencia fiduciaria.

A propósito de que el TMEC considera como empresas a los fideicomisos, el citado tratado indica que ninguna parte requerirá que una empresa de esa parte (que sea una inversión cubierta[5]) designe a una persona física de una nacionalidad en particular para ocupar puestos de alta dirección, lo que podría incluir a los miembros del Comité Técnico u otros comités del fideicomiso, sin perjuicio de los cargos en las empresas participantes en el fideicomiso. No obstante lo anterior, también es cierto que uno de los países partes del tratado podrá requerir que la mayoría de los miembros del comité del fideicomiso sea de una nacionalidad particular o sea residente en el territorio de la parte correspondiente, siempre y cuando dicho requisito no menoscabe significativamente la capacidad del inversionista para ejercer el control sobre su inversión.[6]

Por lo anterior, en fideicomisos nacionales, extranjeros y nacionales con participación de inversión o partes extranjeras, el asesor encontrará disposiciones de políticas anticorrupción; controles internos del negocio y el programa de ética y cumplimiento; la obligación de hacer *due diligence* sobre investigación de antecedentes, nuevas contrataciones, agentes y socios comerciales, que se extiende a la formación de empresas conjuntas y fusiones

---

[5] Inversión Cubierta significa, con respecto a una parte del TMEC, una inversión en su territorio de un inversionista de otra parte que exista a la fecha de entrada en vigor de dicho tratado o establecida, adquirida o expandida posteriormente.

[6] En este rubro, México tiene formulada una reserva en el Anexo III de México del TMEC respecto de las entidades financieras, en términos de que imponga requisitos relacionados con la nacionalidad o residencia en México de personas físicas designadas para puestos de alta dirección o miembros del Consejo de Administración que sean inconsistentes con el Artículo 17.9 del TMEC (Altos Ejecutivos y Consejos de Administración), que a juicio del suscrito no resultaría aplicable para los fideicomisos privados, sino para la estructura de las instituciones financieras.

y adquisiciones, entre otro tipo de disposiciones. La *due diligence* debe ser un proceso continuo y proporcional con los factores de riesgo asociados relacionados con la corrupción, que se deben tratar junto con el Auditor Externo que veremos más adelante.

Finalmente, es importante establecer los medios por los cuales sesionarán los miembros del Comité Técnico, pues es válido hacerlo por medios remotos como Zoom u otras plataformas. También es importante establecer el mínimo de integrantes que debe tener (y si debe haber miembros independientes), así como su quórum y reglas de votación para decisiones relevantes, de rutina y extraordinarias.

Regular en el contrato las sesiones resulta de gran importancia. No debe omitirse el medio por el cual se convocará a los miembros del Comité Técnico, ya sea por correo electrónico, por medio de alguna página web determinada o mediante notificación física personal. El concepto anterior incluye, de forma clara y precisa, el día de celebración, el Orden del Día que corresponda, así como el número de convocatorias necesarias. No se recomiendan las siguientes prácticas: 1) Poner "asuntos varios", "asuntos generales" y otros similares; 2) Convocar para "instalar la sesión"; "pase de lista" o algún otro hecho que se evidente u obvio y que no verse sobre cuestiones jurídicas de fondo o estricta forma; 3) Convocar para tratar "los demás asuntos que sean convenientes"; 4) Frases poco claras o que puedan inducir al error.

Por ejemplo, pueden tomarse algunas disposiciones de las asambleas de accionistas o del consejo de administración de las empresas, como el hecho de que se designe un presidente, un secretario y un escrutador. Es importante señalar el procedimiento por el cual pueden renunciar los miembros y/o sus suplentes. También conviene pactar en el contrato la posibilidad de elaborar *proxys* o cartas poder institucionales y la forma de comparecer a las sesiones del Comité Técnico. No menos importante resultan las causales de remoción o de revocación de las designaciones de los miembros del Comité Técnico y sus suplentes, sin omitir las causales de procedencia para el caso de responsabilidad civil o penal.

Por otro lado, no conviene complicar demasiado los asientos en el Comité Técnico; por ejemplo, no sería práctico casi elaborar fórmulas matemáticas para determinar quiénes tienen derecho a designar un miembro en el comité, pues eso podría complicar las cosas. En efecto, hay fideicomisos donde se establecen porcentajes demasiado específicos, bajo supuestos diversos, donde terminan propiciándose diferencias entre los involucrados. El contrato de fideicomiso también debe prever cómo asentar las deliberaciones y acuerdos en las sesiones del Comité Técnico. Debe establecerse si las votaciones serán económicas o por alguna otra regla, bajo el entendido de que así se inserte en las minutas correspondientes.

Por último, a reserva de lo que pacten las partes, es muy importante establecer las atribuciones del Comité Técnico para evitar problemas competenciales con el fiduciario o con otro comité. Las referidas atribuciones pueden establecerse a manera de fracciones en la cláusula respectiva, tratando de evitar que estén dispersas en todo el contrato, por practicidad.

Ilustración 2 - Comité Técnico

Del caso anterior:

Los padres de familia citados han recibido su asesoría. Definitivamente están interesados en formar un fondo fiduciario familiar, pero luego de su asesoría los miembros de la familia desean establecer un comité técnico para tomar decisiones importantes sobre la gestión de los activos del fideicomiso. Por sugerencia de usted, como asesor, el comité técnico estará compuesto por tres miembros de la familia, y hay varios miembros interesados en participar.

Participantes:

1. Ana: La hermana mayor, que tiene experiencia en gestión de inversiones.

2. Carlos: El primo, que es un abogado con conocimientos legales relacionados con fideicomisos.

3. David: El hermano menor, que ha demostrado un gran interés en las finanzas y tiene una licenciatura en economía.

Planteamiento:

Identificación de intereses: Los miembros de la familia se reúnen para discutir quiénes podrían ser los mejores candidatos para el comité técnico. Cada miembro expresa sus intereses y razones para participar en el comité.

Declaración de calificaciones: Ana señala su experiencia en gestión de inversiones y cómo puede contribuir a tomar decisiones financieras informadas. Carlos destaca su experiencia legal y su capacidad para garantizar que todas las acciones estén en cumplimiento con las leyes. David menciona su formación en economía y su deseo de aprender y contribuir al comité.

Negociación: Los miembros de la familia comienzan a negociar quiénes deberían formar parte del comité técnico. Pueden surgir diferentes propuestas, como tener a Ana y Carlos como miembros iniciales y permitir que David se una más adelante, o rotar los miembros del comité en intervalos regulares para darles a todos la oportunidad de participar.

Compromiso: Después de discutir las ventajas y desventajas de diferentes opciones, los miembros de la familia llegan a un acuerdo.

Deciden que el padre, Ana y Carlos serán los miembros iniciales del comité técnico, pues por recomendación de usted el Comité Técnico debe conformarse por un número impar. David, por su parte, tendrá la oportunidad de unirse en un año si así lo desea. Además, acuerdan revisar el desempeño del comité periódicamente y ajustar la composición si es necesario.

Documentación: Los detalles del acuerdo se documentan formalmente en un documento que establece las responsabilidades y el proceso de toma de decisiones del comité técnico. Ese documento son las actas de sesión del Comité Técnico, así como algunas cartas de instrucción.

D. El Delegado Fiduciario

El Delegado Fiduciario es un funcionario que realiza determinados actos jurídicos en nombre de la institución fiduciaria. No es parte del contrato de fideicomiso, ni forma parte del comité técnico necesariamente.

Conforme al artículo 80 de la LIC, las instituciones de crédito (bancos) ejercen sus facultades fiduciarias a través del Delegado Fiduciario. Es de fundamental relevancia establecer que el personal que las instituciones de crédito utilizan directa o exclusivamente para la realización de fideicomisos, no forma parte del personal de la institución, sino que, según los casos se le considera "al servicio del patrimonio dado en fideicomiso". Sin embargo, cualesquier derechos que asistan a esas personas conforme a la ley, los deben ejercer contra la institución de crédito, la que, en su caso, para cumplir con las resoluciones que la autoridad competente dicte, afectará en la medida que sea necesaria los bienes materia del fideicomiso.

El Delegado Fiduciario es el órgano único de ejecución de la actividad fiduciaria, mas no un mandatario o apoderado estrictamente. A consideración del suscrito, sigue vigente este argumento vertido por la entonces tercera sala de la Suprema Corte de Justicia de la Nación, bajo el rubro **"FIDEICOMISO. FACULTAD DEL FIDUCIARIO DE DESISTIRSE DEL AMPARO",** pues pese a la época, el argumento en sí va conforme a la naturaleza jurídica del Delegado Fiduciario. Así las cosas, sus facultades son equiparables y no menores que las del director general, pero sólo limitadas y referidas a lo estipulado en los contratos de fideicomiso en que le corresponde intervenir.

Ahora bien, las facultades con las que el Delegado Fiduciario opera el negocio fiduciario deben ser claramente determinadas y bastará exhibir una certificación de su nombramiento, expedida por el secretario o prosecretario del consejo de administración o consejo directivo. Existe una norma especial para funcionarios bancarios, incluidos los delegados fiduciarios, que consiste en que se entiende que los poderes conferidos de acuerdo con lo dispuesto en los párrafos primero y segundo del artículo 2554 del CCF o de sus correlativos en los estados de la República y la Ciudad de México, comprenden la facultad de otorgar, suscribir, avalar y endosar títulos de crédito, aun cuando no se mencione expresamente dicha facultad.

Conforme al artículo 90 de la LIC, otra norma especial es que los nombramientos de los funcionarios bancarios, incluidos los delegados fiduciarios, deben inscribirse en el Registro Público de Comercio, previa ratificación de firmas ante fedatario público, del documento auténtico en que conste el nombramiento respectivo. Como puede apreciar el lector, la ley utiliza el concepto de "nombramiento", por lo que podemos ratificar la idea de que se trata de funcionarios que ejercen representación orgánica y no un poder estrictamente. Lo anterior abre la puerta para que el corredor público pueda intervenir en los actos jurídicos relativos a los nombramientos de los delegados fiduciarios.

El Delegado Fiduciario puede ser designado por:

1. La asamblea de accionistas del banco

2. El consejo de administración del banco

3. El consejo directivo del banco

4. El administrador cautelar designado por la CNBV (esto fue producto de la reforma financiera de 2014)

5. En Banca de Desarrollo, puede designar y remover delegados fiduciarios el director general

Por otro lado, los delegados fiduciarios pueden ser removidos por los mismos órganos, pero también por la Comisión Nacional Bancaria y de Valores, con acuerdo de su Junta de Gobierno, así como suspenderlos de tres meses hasta cinco años, cuando considere que no cuenten con calidad técnica, honorabilidad, historial crediticio satisfactorio para el desempeño de sus funciones; no reúnan los requisitos al efecto establecidos o incurran en infracciones graves o reiteradas a la LIC o a las disposiciones de carácter general que de ella derivan.

E. Administrador del Fideicomiso

El administrador del fideicomiso, en realidad, surge de la voluntad de las partes. Nada impide que un tercero (persona física o moral) "coadyuve" con la fiduciaria en la administración del patrimonio fideicomitido. Lo anterior es así, pues existen instituciones financieras de grandes dimensiones que, en ocasiones, les puede resultar complejo o casi materialmente imposible administrar todos los fideicomisos que celebran, por lo que el sector bancario se ha propuesto a permitir dicha coadyuvancia, con la aprobación del fiduciario. Es necesario celebrar un contrato de administración entre el administrador y el fiduciario.

Entre las diversas actividades que suele realizar el administrador de un fideicomiso se encuentran las siguientes, de acuerdo con el contrato de fideicomiso:

1. Llevar la contabilidad del mismo, conforme a la naturaleza jurídica del fideicomiso de que se trate.

2. Dar mantenimiento a los bienes fideicomitidos. Por ejemplo, si se trata de inmuebles el administrador puede cobrar cuotas de mantenimiento, tratar con personal, cobrar rentas, etcétera.

3. Solicitar notificaciones, fehacientes o no, a diversos actores legales, incluidos los fedatarios públicos para proceder al cambio de cuentas bancarias; reclamo de obligaciones vencidas; rescisiones de contratos, etcétera.

4. Realización y cumplimiento de los encargos del Comité Técnico y otros comités del Fideicomiso

5. Identificación de oportunidades viables de inversión, conforme al contrato

6. Evaluación de inversiones potenciales, documentación y seguimiento a estas

7. Elaboración de políticas de inversión admisibles conforme al contrato, así como reportes contables y del desempeño del fideicomiso

8. Evaluación y ejecución de estrategias de salida de las inversiones

9. Llevar el registro del listado de todos y cada uno de los Convenios de Aportación y de los Convenios de Adhesión, así como de los demás que se presenten conforme al contrato

10. Llevar el registro y control e integración de los expedientes de los fideicomitentes fundadores y adherentes y/o candidatos a dicho concepto

11. Entregar al Fiduciario toda la información relacionada con los fideicomitentes fundadores y adherentes. Cabe recordar que esta información puede estar regulada por diferentes normas en materia PLD.

12. El proceso para obtener el Registro Federal de Contribuyentes del Fideicomiso, en su caso

13. Fungir como depositario de los contratos, convenios, constancias y demás documentos y registros derivados del contrato de fideicomiso

14. Entregar al Fiduciario un informe mensual de los Convenios celebrados, en su caso

15. Asistencia a las juntas y reuniones a las que sea convocado, incluyendo sesiones del Comité Técnico y de otros comités

16. La presentación ante el Comité Técnico de los comunicados e información que sea entregada a los posibles Fideicomitentes Adherentes para que, previa autorización, sea puesta a disposición de los interesados

17. Contratación de los sistemas de emisión y sellado digital para la emisión de los comprobantes fiscales por los depósitos al Fideicomiso

18. Elaboración de consultas concretas a la autoridad hacendaria y demás autoridades conducentes, a fin de obtener respuestas favorables en la confirmación del criterio y/o la entrega de documentos a los despachos legales correspondientes para este u otros fines

19. Los demás que acuerden las partes en el contrato de fideicomiso y de administración

Sería oportuno que, en una reforma legislativa a la LGTOC, se incorporara la figura del administrador del fideicomiso para efectos de delimitar la responsabilidad entre el fiduciario y aquél, ya que en la práctica y en el fondo el responsable del cumplimiento de los fines y de la conservación del patrimonio fideicomitido, si bien es el fiduciario, también el administrador puede convertirse en un obligado solidario por citación expresa de tal circunstancia.

Caso Práctico 2:

Acuden ante usted, como asesor, los principales accionistas de dos empresas que hacen desarrollos inmobiliarios. Le aseguran que cuentan con un capital de 130 millones de pesos como capital inicial, pero que requieren de una mayor capitalización para poder desarrollar un condominio de lujo en Cancún. Afirman desear sus servicios profesionales para estructurar un fideicomiso que contará con cinco fideicomitentes iniciales, que serán las dos empresas y tres socios estratégicos capitalistas, quienes esperan un retorno de inversión.

Una vez que han abordado el tema con el comité fiduciario del banco, se plantean la pregunta de quién se encargará de llevar la contabilidad del fideicomiso, pues el asesor fiscal opina que el fideicomiso tendrá actividad empresarial. Uno de los accionistas de las empresas afirma que, por su experiencia, el condominio debe contar con alguien que cobre las cuotas de mantenimiento, haga trámites y se encargue de hablar con los posibles compradores.

Usted ha sugerido, entonces, que se contraten los servicios de un administrador. Le encargan la negociación de la contraprestación con el citado administrador, así como la elaboración del contrato respectivo, para que lo pueda evaluar el fiduciario y las demás partes, mismas que le piden pactar un honorario progresivo, en función de que las actividades que realizará al principio serán menores a las que hará una vez edificado el condominio.

F. Auditor Externo

El Auditor Externo puede estar regulado o no, dependiendo del tipo de fideicomiso de que se trate. Las partes de un fideicomiso libremente pueden acordar en el contrato que exista un Auditor Externo en materia legal, fiscal, contable y PLD, sin perjuicio de que solamente opere solo en algunas de las citadas. Lo más conveniente es que un contrato de Auditoría Externa abarque los puntos anteriores, ya sea con uno o varios auditores.

En un fideicomiso, el Auditor Externo se encarga de vigilar el comportamiento que tenga el mismo, en coadyuvancia con los demás comités incluido el Comité Técnico. Lo más probable es que el Auditor Externo se presente en fideicomisos más sofisticados; que tengan una base económica importante o que realicen colocación en bolsa (como las FIBRAS y otros de inversión).[7]

¿Cómo es que un fideicomiso podría llegar a hacer colocación en bolsa? Independientemente de que más adelante se aborde el tema, lo anterior se explica en términos de que el fiduciario es quien emite certificados de participación fiduciaria en Bolsa de Valores, a través de un Intermediario Colocador. En la práctica fiduciaria se dice que los fideicomisos "pueden colocar en bolsa"; sin embargo, lo más técnico es decir que lo hace el fiduciario con recursos del patrimonio fideicomitido, mediante la emisión de certificados bursátiles fiduciarios.

La LMV hace referencia, por una parte, al "Auditor Externo" y, por otra parte, al "Auditor Externo Independiente" (AEI), como si no fueran lo mismo. Lo más recomendable es que, tratándose de fideicomisos que así lo

---

[7] Vale la pena distinguir entre "colocar en bolsa" e "invertir en bolsa". Colocar en bolsa es la acción de captar recursos del público inversionista, a través de un mercado reconocido (bolsas de valores nacionales o extranjeras). Invertir en bolsa significa aportar capital, a través de un intermediario bursátil (casa de bolsa), para poder obtener rendimientos, de tal suerte que bajo esta modalidad el inversionista se convierte en "público inversionista" y es un acreedor de la emisora que esté financiando con su capital.

requieran, el Auditor Externo sea un AEI para evitar el conflicto de intereses y el conflicto de agencia. Ahora bien, es importante aclarar que existen dos reglamentaciones de la Comisión Nacional Bancaria y de Valores que hay que considerar:

1. Las Disposiciones de Carácter General aplicables a las Emisoras de Valores y a otros participantes del Mercado de Valores[8] (en adelante, Disposiciones para Emisoras); y

2. Las Disposiciones de Carácter General aplicables a las Entidades y Emisoras Supervisadas por la Comisión Nacional Bancaria y de Valores que contraten Servicios de Auditoría Externa de Estados Financieros Básicos (en adelante, Disposiciones para Emisoras en materia de Auditoría Externa).

Cuando el fideicomiso es totalmente "privado" y no realiza colocación en bolsa, no estará sujeto a las citadas disposiciones, y las características del Auditor Externo o del AEI serán descritas libremente en el contrato, pudiendo ser uno u otro. La práctica fiduciaria tiende a "emular" los requisitos de independencia aun para fideicomisos que no realicen colocación en bolsa, dependiendo de las necesidades que tengan las partes y así lo hayan acordado. Lo anterior es por seguridad jurídica, aunque ello puede incrementar considerablemente los costos.

Por otro lado, en materia regulada (las emisoras y entidades que se ubiquen en los supuestos de las disposiciones anteriores, incluyendo fideicomisos que coloquen en bolsa), el AEI es el contador público o licenciado en contaduría pública que cumpla con las características y requisitos contenidos en las Disposiciones para Emisoras en materia de Auditoría Externa, en representación del Despacho que presta los servicios

---

[8] La mal llamada "Circular Única de Emisoras", pues ni es circular, ni es única.

de auditoría externa contratado por la Entidad o Emisora. A su vez, existe la figura del "Despacho", que es la persona moral cuya actividad sea la prestación de servicios de auditoría de Estados Financieros Básicos, en el que laboren Auditores Externos Independientes.

Como puede darse cuenta el lector, el AEI es una persona física que trabaja en el Despacho para efectos de las citadas disposiciones de carácter general. Dicho AEI debe ser socio del Despacho contratado por la Entidad o Emisora para prestar los servicios de auditoría externa de Estados Financieros Básicos; contar con registro vigente expedido por la Administración General de Auditoría Fiscal Federal del Servicio de Administración Tributaria o con la certificación como contador público vigente expedida por el colegio de profesionistas reconocido por la Secretaría de Educación Pública al cual pertenezca; y Tratándose de entidades financieras, contar con experiencia profesional mínima de cinco años en labores de auditoría externa relacionada con el sector financiero o diez años en otros sectores. En el caso de las Emisoras contar con diez años de experiencia mínima en labores de auditoría externa.

Respecto de la independencia, es de fundamental importancia considerar lo que establece el artículo sexto de las Disposiciones para Emisoras en materia de Auditoría Externa, mismas que no pretendo reproducir en esta obra para que el lector se pueda remitir a ellas y evitar reproducciones innecesarias.

Más adelante estudiaremos el caso de los fideicomisos que hacen colocación en bolsa; sin embargo, ya hemos anunciado la normatividad aplicable, de entre la que destacan la LMV, las Disposiciones para Emisoras y las Disposiciones para Emisoras en materia de Auditoría Externa, pero también hay que tomar en cuenta el Reglamento Interior de Bolsa Mexicana de Valores y de Bolsa Institucional de Valores.

Cuando el fideicomiso no está regulado (que no coloque en bolsa o que no esté requisitado por la ley), entonces las partes pueden pactar de manera libre las características y las áreas donde participará el Auditor Externo o el AEI. En efecto, fuera de los casos regulados, donde las normas exigen que se trate de un contador público certificado, en un fideicomiso se puede prever la intervención de un auditor externo legal, financiero, PLD, etcétera.

¿Qué debe contener el Contrato de Auditoría Externa? Esto depende del tipo de fideicomiso, pero fundamentalmente:

1. El alcance de la Auditoría Externa dentro del fideicomiso
2. La exclusión de actividades que no entrarán a la Auditoría Externa
3. La remuneración o contraprestación y sus modalidades de pago
4. Acreditación de independencia y ausencia de conflictos de interés o de agencia, en su caso
5. Similar al punto anterior, acreditación de no participación social, legal económica, negocial o financiera en el fideicomiso auditado
6. El responsable frente al fideicomiso para determinados efectos
7. Las modalidades y periodicidad de las comunicaciones y entrega de reportes o informes
8. Modalidades para el almacenamiento de información, confidencialidad y privacidad
9. Prohibiciones para las partes
10. Deslinde de responsabilidad para las partes y las modalidades para proceder conforme al contrato y la ley. Aquí se debe describir cómo deja de ser responsable el Auditor Externo.
11. Implicaciones materiales y sustantivas de la auditoría externa
12. Gastos necesarios para pagar
13. Modalidades de rescisión y otras formas de terminación
14. El respeto a la propiedad intelectual

15. La jurisdicción para tribunales o, en su caso, la cláusula arbitral

16. Los domicilios respectivos de las partes para diferentes fines

17. Las demás que se estimen convenientes, conforme a la naturaleza del fideicomiso.

G. Objeto del Fideicomiso

Conforme al artículo 1824 del CCF, el objeto del contrato es, tanto la cosa que el obligado debe dar, como el hecho que el obligado debe hacer o no hacer. La doctrina generalizada establece que el objeto directo de los contratos es crear o transmitir derechos y obligaciones. Por su parte, el objeto indirecto es la cosa o el hecho sobre el cual recae esa transferencia o producción de derechos y obligaciones, que se traduce en lo que se debe dar, hacer o no hacer.

En términos prácticos el objeto del fideicomiso es transmitir la propiedad o la titularidad de bienes o derechos en favor del fiduciario. A su vez, dicha transmisión de propiedad puede recaer sobre:

- Muebles
- Inmuebles
- Tangibles
- Intangibles
- Documentos
- Títulos de Crédito
- Derechos

La clasificación anterior bien podría parecer un poco redundante, en términos de que un bien intangible puede, a su vez, ser considerado como un bien mueble. Por otro lado, los títulos o documentos son generalmente considerados como bienes muebles (así el artículo 208 y 228 b, de la LGTOC) y también porque los títulos de crédito son, finalmente, documentos. También vale la pena recordar que el género son los bienes y que dentro de ese género se encuentran las "cosas", como especie, que son bienes "tangibles". Sin embargo, se ha tomado la decisión de considerar más exhaustiva esta clasificación para que el lector no sufra confusiones y no se obvien algunos elementos importantes, que podrían escapar a quien no estudió la licenciatura en derecho.

Así, es posible aportar al fideicomiso maquinaria, automóviles, ordenadores, casas, edificios, derechos de cobro contenidos en diferentes documentos, marcas, entre muchos otros bienes. Es importante recordar que cada bien puede requerir una formalidad distinta, que veremos en un apartado específico.

Pueden ser objeto del fideicomiso toda clase de bienes y derechos, salvo aquellos que, conforme a la ley, sean estrictamente personales de su titular, como los derechos personalísimos de una persona como puede ser el derecho moral en materia de Derechos de Autor, pues se considera unido al autor y es inalienable, imprescriptible, irrenunciable e inembargable. Así, en derecho hay diversos ejemplos de derechos personalísimos que serían intransferibles para el caso de un fideicomiso.

En materia fiduciaria se utilizan distintos tecnicismos para referirse a la aportación de bienes a un fideicomiso, tales como:

- Afectar
- Fideicomitir
- Aportar

Para fines prácticos recomiendo que cuando el lector encuentre dichos verbos en literatura jurídica o en documentos legales, entienda que se refiere a la acción de transmitir la propiedad de bienes o derechos a un fiduciario. Por esa razón es que se dice que en un fideicomiso los bienes *se afectan* o quedan *fideicomitidos*. Es importante decir que el verbo "fideicomitir" no existe de acuerdo con la Real Academia de la Lengua Española. No obstante, el lenguaje técnico admite vocablos distintos a los que existen en el idioma de origen y por ello es por lo que se utiliza en esta disciplina.

Por lo que respecta a la expresión *afectar bienes a un fideicomiso*, si bien también se refiere a lo anteriormente dicho, también es cierto que se debe a que los bienes están "separados" del fideicomitente, para ser destinados o "aportados" para un fin específico. De ahí viene el concepto de "patrimonio de afectación", que sigue la misma suerte en términos de definición. Sin embargo, lo cierto es que como el fideicomiso es traslativo de dominio, auténticamente se está formando un patrimonio distinto al del o los fideicomitentes y que la institución financiera registra en una contabilidad especial.

Si bien el objeto del fideicomiso implica la transmisión de derechos y obligaciones, que en este caso es el derecho de propiedad sobre los bienes o derechos en favor del fiduciario, también es cierto que cabe hacernos la pregunta ¿Qué tipo de *propiedad* ostenta el fiduciario?

Por una parte, la propiedad es un derecho fundamental tutelado y reconocido tanto en la Convención Americana sobre Derechos Humanos, como en la propia constitución mexicana. A su vez, la propiedad es un derecho real que consta de diversas características, como el hecho de que el propietario de una cosa puede gozar y disponer de ella con las limitaciones y modalidades que fijen las leyes. Se ha dicho también que el derecho de propiedad es un derecho absoluto.

¿Qué ocurre en el caso del fideicomiso? Cabe destacar que el fideicomiso que está regulado en nuestra LGTOC es una especie de "invención mexicana" que ha funcionado bien hasta cierto punto. Es decir, que, si bien es una figura atractiva y apropiada para muchos casos, también es cierto que el hecho de que esté monopolizada por instituciones financieras ha provocado que sea un servicio costoso. Ahora bien, en las reformas a la LGTOC del 2003 el legislador incorporó la palabra "propiedad" en el artículo 381 del citado ordenamiento con la finalidad de que, sobre todo los bancos, pudieran ejecutar garantías fiduciarias de manera ágil, ya que al ser de su propiedad los bienes *fideicomitidos*, sería más fácil ejecutar a los deudores. Ello puso fin a un intenso debate sobre la naturaleza jurídica del fideicomiso; sin embargo, un problema que se presenta en el terreno de la doctrina es dilucidar qué tipo de propiedad ostenta la fiduciaria, ya que parece contrastar con las características clásicas de los derechos reales, por lo que hace al de propiedad. Como es sabido, el fiduciario no puede hacer con los bienes lo que le plazca, sino que requiere cumplir con los fines del fideicomiso y hacer valer las instrucciones que le sean giradas por las partes. Efectivamente, es una propiedad *limitada*.

Lo anterior deja muchas dudas a la doctrina clásica, ya que hace no pocas décadas era imposible afirmar que el derecho de propiedad estuviera limitado, salvo por lo que indicara la ley.

Insisto, no es necesario llegar a una discusión bizantina. Sí es una propiedad limitada y ello no tiene algo de malo, ni de antijurídico. Lo que pasa es que simple y sencillamente, el fideicomiso mexicano se ajusta a la realidad material del día de hoy. Efectivamente, se trata de superar viejas discusiones y de admitir que la propiedad tiene distintas modalidades, como ocurre en lo que podríamos denominar "propiedad fiduciaria".

Lo anterior no es descabellado, pues en diversos países se suelen utilizar figuras parecidas que el legislador mexicano ha venido incorporando poco a poco desde no hace pocos años. Por ejemplo, la figura del *sale & lease back* (te vendo para que me rentes), que es muy utilizado en países anglosajones y de Sudamérica, se encuentra contemplada en el arrendamiento financiero (artículo 408 de la LGTOC). Por otro lado, la figura del *escrow* que ha sido combinado entre el fideicomiso y la carta de crédito. En este tipo de operaciones el meollo del negocio radica en la confianza que traslada quien va a transferir recursos por una operación mercantil, en favor de otra persona y es llegado el momento de que un tercero opere, administre, gestione, verifique o maneje dichos bienes. Por ejemplo, cuando se utiliza una carta de crédito como medio de pago para operaciones trasnacionales, ello brinda mucha seguridad jurídica para las partes, ya que el banco es quien se encarga de hacer diversas diligencias y de asegurarse del cumplimiento de determinadas obligaciones. Por otro lado, un *escrow* permite que una persona deposite activos en poder de un tercero, en lo que se "arregla" o negocia con su contra parte. En este caso, ese tercero retiene los activos o los recursos financieros y los entrega conforme a instrucciones precisas y al cumplimiento de obligaciones.

El lector podrá percatarse de que en el fideicomiso sucede algo parecido a los ejemplos anteriores, con la diferencia de que el fiduciario ostentará la propiedad de los activos que le son trasladados por el fideicomitente, lo que facilita la labor y las operaciones que haga el mismo fiduciario. Ese es el "nuevo" concepto de propiedad.

En la práctica financiera y administrativa se ha popularizado un concepto que es el de "propietario real". Este concepto responde más bien a lo que se conoce como "beneficiario controlador", para efectos de Prevención de Lavado de Dinero o fiscales. Tratándose de fideicomisos, se consideran beneficiarios controladores al fideicomitente o fideicomitentes, el fiduciario, el fideicomisario o fideicomisarios, así como cualquier otra persona involucrada y que ejerza, en última instancia, el control efectivo en el contrato, aún de forma contingente, pero en general se le considera como beneficiario controlador a la persona física o grupo de personas físicas que directamente o por medio de otra u otras o de cualquier acto jurídico, obtengan el beneficio derivado de su participación en una persona moral, un fideicomiso o cualquier otra figura jurídica, así como de cualquier otro acto jurídico; o es quien o quienes, en última instancia, ejercen los derechos de uso, goce, disfrute, aprovechamiento o **disposición** de un bien o servicio o en cuyo nombre se realiza una transacción, aun y cuando lo haga o hagan de forma contingente. El problema que enfrentan estas disposiciones del Código Fiscal de la Federación (CFF) y la Ley Federal para la Prevención e Identificación de Operaciones con Recursos de Procedencia Ilícita (LFPIORPI), es probatorio, ya que es muy difícil llegar al "beneficiario controlador" de determinadas operaciones, debido a que este tipo de personajes difícilmente darán algún motivo para ser detectados y su operación es de hecho y nunca de derecho (por lo tanto, no queda documentada).

Si bien es cierto que el anterior concepto de "propietario real" o "beneficiario controlador" es administrativo (o PLD) y fiscal, también resulta verdadero que deja en claro que el legislador ha ido modificando el concepto de "propiedad" en el derecho en general. Lo lastimoso de todo lo anterior, es que las disposiciones antilavado de dinero no han resultado del todo exitosas, tal y como se puede apreciar de las cifras y cantidades de dinero ilícito en México, de acuerdo con un reporte del grupo de expertos del *American Enterprise Institute,* mismo que sugiero ampliamente revisar con cuidado:

Continuando con la parte del objeto del fideicomiso, la LGTOC claramente establece que los bienes que se aporten en fideicomiso se considerarán afectos al fin a que se destinan y, en consecuencia, sólo podrán ejercerse respecto a ellos los derechos y acciones que al mencionado fin se refieran, salvo los que expresamente se reserve el fideicomitente; los que para él deriven del fideicomiso mismo o los adquiridos legalmente respecto de tales bienes con anterioridad a la constitución del fideicomiso, por el fideicomisario o por terceros. La institución fiduciaria deberá registrar contablemente dichos bienes o derechos y mantenerlos en forma separada de sus activos de libre disponibilidad.

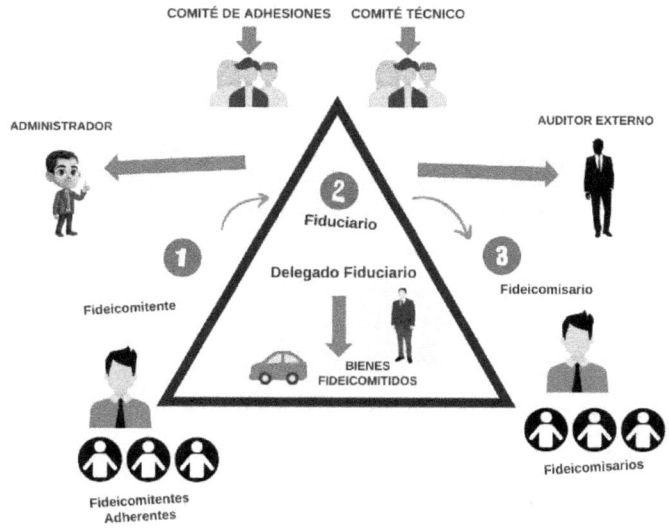

Ilustración 3 - Diversos Comités

H. Fines del Fideicomiso

Es importante no confundir el objeto del fideicomiso con el fin del fideicomiso, ya que se trata de tecnicismos jurídicos distintos. El objeto es lo que ha quedado indicado en este apartado, pero el fin se refiere precisamente a las "finalidades" o propósitos que persigue la celebración del contrato de fideicomiso.

Los fines del fideicomiso pueden ser tantos como la creatividad y necesidades de las partes puedan generar. Deben ser lícitos y determinados; es decir, que no vayan en contra de la ley o de las buenas costumbres. Determinado significa que está claramente especificado, individualizado o descrito. Asimismo, es importante que los fines que se le encomiendan al fiduciario no le resulten incompatibles por algún motivo específico, como actividades reservadas a Asociaciones Religiosas o que requieran alguna concesión administrativa, etcétera.

También vale la pena aclarar que existen fideicomisos que requieren una descripción muy clara por mandato de ley, como ocurre en los siguientes supuestos. En estos casos el asesor debe ser cuidadoso en la redacción de la cláusula respectiva:

- FIBRAS (Artículo 187 LISR)
- FICAPS (Artículo 192 LISR)
- Fideicomisos en los que se otorgue el uso o goce temporal de bienes inmuebles (Artículo 117 LISR)
- Fideicomiso de Zona Restringida (Artículo 11 de la Ley de Inversión Extranjera [LIE])

Vale la pena hacer una mención especial respecto del caso de la FIBRA E, que no está regulada de forma particular en la LISR, como sí lo están las demás FIBRAS inmobiliarias "normales". Efectivamente, la regulación fiscal específica se encuentra en la miscelánea fiscal.

Respecto de las demás FIBRAS (que desde 2020 todas deben cotizar en bolsa), su regulación está en los citados numerales de la LISR y su fin primordial necesariamente debe ser la adquisición o construcción de bienes inmuebles que se destinen al arrendamiento o la adquisición del derecho a percibir ingresos provenientes del arrendamiento de dichos bienes. Aunado a lo anterior, también son fideicomisos que se dedican a otorgar financiamiento para esos fines con garantía hipotecaria de los bienes arrendados. Por la LISR, las FIBRAS tienen limitaciones muy determinadas en tanto a sus fines.

Para el caso de los FICAPS ocurre el mismo fenómeno, por lo que el fin del fideicomiso necesariamente debe ser invertir en el capital de sociedades mexicanas residentes en México no listadas en bolsa al momento de la inversión y participar en su consejo de administración para promover su desarrollo, así como otorgarles financiamiento.

En el caso de los fideicomisos de arrendamiento de bienes inmuebles, el fin regulado por la LISR es "otorgar el uso o goce temporal de bienes inmuebles".

Por lo que hace a los Fideicomisos de Zona Restringida, el fin del fideicomiso que debe establecer el contrato es que se permita la utilización y el aprovechamiento de bienes inmuebles ubicados dentro de la zona restringida sin constituir derechos reales sobre ellos, y los fideicomisarios sean sociedades mexicanas sin cláusula de exclusión de extranjeros en el caso previsto en la fracción II del artículo 10 de la LIE y personas físicas o morales extranjeras.

Es muy importante decir que cuando las instituciones de crédito obren ajustándose a los dictámenes o acuerdos del Comité Técnico, estarán libres de toda responsabilidad, siempre que en la ejecución o cumplimiento de tales dictámenes o acuerdos se cumpla con los fines establecidos en el contrato de fideicomiso y se ajusten a las disposiciones jurídicas aplicables.

I.   Prohibiciones para el Fiduciario

Respecto de las prohibiciones del fiduciario, estas podrán variar dependiendo del tipo de institución financiera de que se trate. La base es el artículo 106 fracción XIX de la LIC y sus correlativos en las demás leyes financieras, como el artículo 87-Ñ de la LGOAAC; el artículo 51 BIS 6 de la LFI y el artículo 186 de la LMV, que establecen prohibiciones análogas a las que existen en el sector bancario.

Dichos numerales deben ser prácticamente transcritos en los contratos de fideicomisos y establecerse de manera notoria (la circular 1/2005 de Banco de México refuerza dicho requisito).

En este punto, lo más adecuado es que las instituciones financieras redacten los contratos de fideicomiso en idioma español y en tipografía de al menos 8 puntos; que se dividan en capítulos, apartados o incisos que faciliten su lectura y comprensión, entre otras medidas de seguridad y transparencia en favor del usuario de los servicios financieros. Dentro de las prohibiciones más comunes para las fiduciarias en la celebración y operación de fideicomisos se encuentran las siguientes:

A. <u>Responder a los fideicomitentes del incumplimiento de los deudores, por los créditos que se otorguen, o de los emisores, por los valores que se adquieran, salvo que sea por su culpa, según lo dispuesto en la parte final del artículo 391 de la Ley General de Títulos y Operaciones de Crédito, o garantizar la percepción de rendimientos por los fondos cuya inversión se les encomiende:</u> Significa que la responsabilidad en la que incurre el fiduciario no puede ser trasladada en menoscabo patrimonial de los fideicomitentes del contrato de fideicomiso. Por ejemplo, si ocurriere que la institución financiera hiciere un manejo equivocado o negligente en la transferencia de recursos hacia una inversión determinada que desconociera las instrucciones precisas de los fideicomitentes, así como los fines del contrato, entonces se actualizaría este supuesto. En ese caso, la fiduciaria deberá responder por los perjuicios causados y no podrá responsabilizar a las partes del fideicomiso para que, con el patrimonio fideicomitido o con sus propios bienes, los mismos fideicomitentes respondieren. Cabe señalar que también está prohibido que las fiduciarias garanticen rendimientos por los fondos cuya inversión les sea encomendada, lo que va de acuerdo con la prohibición establecida en la LMV para las casas de bolsa y por la LFI para las sociedades operadoras de fondos de inversión, en términos de garantizar rendimientos. Lo anterior también encuentra fundamento en el numeral 6.1., inciso b) de la Circular 1/2005 de Banco de México. En la práctica es común que, quienes garantizan ciertos rendimientos o retornos de inversión, sean los fideicomitentes participantes, mas no las instituciones financieras.

B. Actuar como fiduciarias, mandatarias o comisionistas en fideicomisos, mandatos o comisiones, respectivamente, a través de los cuales se capten, directa o indirectamente, recursos del público, mediante cualquier acto causante de pasivo directo o contingente: Dicha prohibición va en función de lo citado por los artículos 2°, 103 y 111 de la LIC que prohíben la captación de recursos del público a través de las modalidades que establecen dichos preceptos. En términos prácticos, dicha prohibición se refiere a que nadie puede solicitar dinero de personas indeterminadas para invertirlo y devolverles un rendimiento o retorno de inversión sobre dichos recursos. La única manera legal que hay, para hacer eso en México, es mediante la colocación de valores en bolsa. Fuera de dicho procedimiento, no existe vía legal alguna para hacer captación de recursos del público para sí mismo, ya que los recursos que captan las instituciones financieras son de y para terceras personas (clientes). Por ejemplo, las Instituciones de Tecnología Financiera captan recursos del público para terceros, no para sí mismas.

C. Desempeñar los fideicomisos, mandatos o comisiones a que se refiere el segundo párrafo del artículo 88 de la Ley de Sociedades de

Inversión[9]: Se refiere a que las fiduciarias no pueden emular o imitar las actividades propias de los fondos de inversión; es decir, que el público en general, con sus recursos, suscriba acciones o títulos de crédito de una empresa y, a su vez, dicho capital sea invertido en diversos instrumentos para luego devolverles un rendimiento, interés o retorno de inversión. (Ver LFI)

D. Actuar en fideicomisos, mandatos o comisiones a través de los cuales se evadan limitaciones o prohibiciones contenidas en las leyes financieras: Un ejemplo de ello podría ser que las SOFOMES operen fideicomisos fuera de los que les está permitido operar. Otro ejemplo, que puede ser común en la práctica, se presenta por la transgresión al artículo 154 de la Ley de Concursos Mercantiles (LCM). En diversas ocasiones ha ocurrido que el o los comerciantes concursados participan activamente con los acreedores en convenios (o contratos, como fideicomisos) fuera del concurso mercantil, cuando ello está sancionado con la nulidad y la pérdida de los derechos crediticios del acreedor en el concurso.

Es decir, que la empresa concursada no podría "arreglarse" con uno o varios acreedores para celebrar un fideicomiso que "rescatara" la deuda de forma paralela al concurso mercantil, ya que ello sería nulo.

E. Utilizar fondos o valores de los fideicomisos, destinados al otorgamiento de créditos, en que la fiduciaria tenga la facultad discrecional, en el otorgamiento de los mismos para realizar operaciones en virtud de las cuales resulten o puedan resultar deudores sus delegados fiduciarios; los miembros del consejo de administración o consejo directivo, según corresponda, tanto propietarios como suplentes, estén o no en funciones; los empleados

---

[9] Hoy, Ley de Fondos de Inversión

y funcionarios de la institución; los comisarios propietarios o suplentes, estén o no en funciones; los auditores externos de la institución; los miembros del comité técnico del fideicomiso respectivo; los ascendientes o descendientes en primer grado o cónyuges de las personas citadas, las sociedades en cuyas asambleas tengan mayoría dichas personas o las mismas instituciones, asimismo aquellas personas que el Banco de México determine mediante disposiciones de carácter general; Resulta curioso que esta prohibición no aplique para otras instituciones financieras, como SOFOMES, Sociedades Operadoras de Fondos de Inversión o Casas de Bolsa (quizá lo olvidó el legislador). Más extraño parece, además, que la prohibición no contemple accionistas de la institución de crédito (banco), sino únicamente a factores y dependientes (administradores, delegados, directores, etcétera). Es decir, que el banco no puede utilizar recursos de los fideicomisos para otorgar créditos de manera discrecional a dichas personas.

J. La Forma del Fideicomiso

El contrato de fideicomiso debe constar por escrito en todo caso. Ahora bien, cuando el fideicomiso tenga aportación de bienes inmuebles deberá constar en escritura pública ante notario público (artículo 404 de la LGTOC) e inscribirse en el Registro Público de la Propiedad del lugar de donde se ubiquen los bienes inmuebles de referencia, siguiendo al efecto el artículo 3016 del Código Civil para el Distrito Federal (avisos preventivos) y los correlativos en las demás entidades federativas de México, ya que el fideicomiso implica transmitir la propiedad sobre bienes raíces.

Cuando se trate de un fideicomiso de garantía sobre bienes muebles, cuyo monto sea igual o superior a 250,000 UDIS, debe ratificarse ante corredor o notario público y registrarse en el Registro Único de Garantías Mobiliarias del Registro Público de Comercio (RUG). Por otro lado, para que una garantía mobiliaria surta efectos contra terceros, debe inscribirse en el RUG del Registro Público de Comercio, independientemente del monto de los bienes que garantizan la deuda principal. Lo anterior se desprende del artículo 32 fracción VII del Reglamento del Registro Público de Comercio y el artículo 32 bis 1, apartado B, inciso V del Código de Comercio, pues establecen que el fideicomiso de garantía mobiliaria debe inscribirse en el RUG para que surta efectos erga omnes, sin que indique monto alguno.

La pregunta es: ¿Cómo inscribir en el RUG un contrato que no está pasado ante fedatario público? El artículo 33 bis del Reglamento del Registro Público de Comercio abre la posibilidad para que tanto acreedores, como "personas autorizadas" inscriban garantías; sin embargo, el mismo numeral indica que los fedatarios públicos se encuentran facultados para llevar a cabo estas operaciones en el RUG, respecto de las Garantías Mobiliarias que sean otorgadas en favor de los acreedores y entidades financieras en su calidad de Acreedores, cuando éstos se las soliciten, o por orden de una instancia de autoridad competente.

Por lo que hace a los demás casos, el RUG permite inscribir documentos no auténticos; es decir, no pasados ante fedatario público necesariamente, lo que parece abrir la posibilidad a que cualquier persona como acreedora pueda inscribir actos y darle efectos erga omnes.

En resumen:

- Fideicomisos en general, de bienes muebles, derechos o dinero, deben constar por escrito.
- Fideicomisos con aportación de bienes inmuebles, deben celebrarse en escritura ante notario.
- Fideicomiso de garantía con monto igual o superior a 250,000 UDIS, deben ratificarse ante fedatario público.

- Los demás fideicomisos pueden ratificarse o celebrarse en escritura por libre voluntad de las partes, pero la práctica fiduciaria indica lo contrario, pues ello puede elevar los costos.

Hoy por hoy, las reglas anteriores dejan lugar a dudas, pues la razón de ser de escriturar la transmisión de propiedad de bienes inmuebles radica en los efectos fiscales, registrales y financieros; sin embargo, en la actualidad hay bienes muebles que podrían valer mucho más que algunos inmuebles (incluso, cajones de estacionamiento), no obstante que para esos casos no se requerirá escritura pública.

También es importante considerar que la regla que indica que la aportación de inmuebles a un fideicomiso debe celebrarse en escritura pública, está en la sección del fideicomiso de garantía (artículo 404 de la LGTOC), pero no en el fideicomiso en general. Otro punto importante es que quizá se aplique por analogía el artículo 2317 y 2320 del Código Civil para el Distrito Federal, que establece que las enajenaciones de bienes inmuebles cuyo valor de avalúo no exceda al equivalente a 365 la Unidad de Cuenta de la Ciudad de México vigente en el momento de la operación y la constitución o trasmisión de derechos reales estimados hasta la misma cantidad o que garanticen un crédito no mayor de dicha suma, podrán otorgarse en documento privado firmado por los contratantes ante dos testigos cuyas firmas se ratifiquen ante Notario, Juez competente o Registro Público de la Propiedad. A su vez, el artículo 2320 del referido ordenamiento dice que, si el valor de avalúo del inmueble excede de 365 veces la Unidad de Cuenta de la Ciudad de México vigente en el momento de la operación, su venta se hará en escritura pública. Efectivamente, el 2317 habla de enajenación en general y el 2320 habla de venta; bajo el entendido que en el Código Civil Federal la regla es idéntica. Lo anterior, en el caso de que el inmueble se ubique en la Ciudad de México.

¿Por qué se celebra en escritura pública la aportación de inmuebles al fideicomiso? No hay mención expresa; sin embargo, por los efectos fiscales, administrativos y financieros, es importante otorgarlos de esta manera hasta que la legislación libere dicho requisito, mediante la modernización de las normas para bienes inmuebles.

Ciertamente, se considera que los únicos bienes inmuebles que podrían ubicarse por debajo de las 365 veces la Unidad de Cuenta de la Ciudad de México, podrían ser los cajones de estacionamiento.

K. Modificación del Fideicomiso

El fideicomiso es un contrato y como tal se puede modificar. El asesor debe considerar esta situación y nunca perder de vista que cualquier circunstancia que cambie las condiciones originales bajo las cuales se celebró el contrato, puede implicar la celebración de un convenio modificatorio.

¿Cómo debe denominarse al acuerdo que modifique al contrato original? Desde el punto de vista del suscrito ello es totalmente indiferente, pues como ha quedado indicado, lo importante en un acuerdo de voluntades es lo que se pacte en las cláusulas, no cómo se le llame al documento. Recordemos que la libertad contractual y el artículo 1851 del CCF, así como el artículo sexto de la LIC apoyan lo anterior, en términos de que los usos bancarios y mercantiles sean tomados en cuenta. Asimismo, el artículo 1859 indica que las disposiciones legales sobre contratos serán aplicables a todos los convenios y a otros actos jurídicos, en lo que no se opongan a la naturaleza de éstos o a disposiciones especiales de la ley sobre los mismos. Así las cosas, bien puede denominarse "convenio modificatorio"; contrato modificatorio"; "acuerdo modificatorio"; "pacto modificatorio", etcétera.

En la práctica puede modificarse todo lo que contenga el contrato, solo tomando en cuenta las disposiciones relativas a la novación u otros cambios sustanciales en el contrato que pudieren afectar al acuerdo. Por otro lado, una limitante importante a la modificación del contrato es la propia ley, el orden público y "las buenas costumbres" (artículos 1830 y 1831 del CCF).

Algunos ejemplos de lo anterior pueden ser:

1. Cambios en los beneficios a los fideicomisarios

2. Cambios en la admisibilidad de nuevos fideicomitentes

3. Cambio de reglas para el funcionamiento del Comité Técnico

4. Cambios en los fines del fideicomiso (ello puede cambiar drásticamente el curso del contrato, pues como ya indicamos hay fideicomisos regulados como las FIBRAS y los FICAPS). Un cambio no planeado puede hacer perder el régimen fiscal especial de dichos fideicomisos, si el asesor no pone especial cuidado en ello. Un ejemplo sería la pérdida del registro ante el SAT de una FIBRA. También en el caso de un fideicomiso de zona restringida, un cambio en los fines podría alterar las obligaciones que se tienen frente a la Secretaría de Relaciones Exteriores.

De todos los anteriores el más común suele ser el número cuatro (fines del fideicomiso) y ello se debe a una sencilla, pero amplia razón: cuando el fiduciario quiere diluir la responsabilidad fiduciaria (artículo 80 de la LIC). Cuando un contrato no es lo suficientemente claro, aunque existan herramientas interpretativas del contrato, el fiduciario prefiere modificar al mismo (con el respectivo cobro de honorarios) que incurrir en interpretaciones y ejecutar una instrucción aparentemente incompatible.

Por ejemplo, en la práctica puede ocurrir que un fideicomiso pueda suscribir acciones de una empresa, pero que el contrato no mencione expresamente "constitución de empresas". Ciertamente, en lenguaje jurídico lo anterior debería expresarse en términos de que el fiduciario suscriba acciones en una empresa, actuando en un fideicomiso concreto con los recursos fideicomitidos. Si eventualmente el fideicomitente girara instrucciones al fiduciario para que utilice recursos fideicomitidos para constituir una sociedad mercantil suscribiendo acciones, la fiduciaria podría oponerse a su ejecución bajo el argumento de que en los fines del fideicomiso no se encuentra expresamente consignada la frase "constitución de sociedades mercantiles, con cargo al patrimonio fideicomitido", aunque no haya otra manera de constituir sociedades mercantiles, más que suscribiendo acciones. Lo anterior es más común de lo que el lector podría imaginar y ello suele implicar, necesariamente, una modificación al contrato de fideicomiso.

La modificación al contrato requiere de una importante negociación entre las partes. A juicio del suscrito, es una de las negociaciones más complicadas que hay en el derecho contractual mexicano, pues implica el consenso entre tres partes: el fideicomitente, el fiduciario y el fideicomisario, sin perjuicio de que sean varios y además exista uno o varios comités.

El asesor debe cuidar ampliamente el conocimiento que tenga, tanto del contrato, como de la regulación, pues un error podría hacer que la negociación no halle un mecanismo de salida eficiente. En ocasiones los fideicomisarios son acreedores de los fideicomitentes, por lo que la negociación debe radicar en hacerse recíprocas concesiones entre las partes.

L. Terminación del Fideicomiso

En este rubro replico mis comentarios hechos relativos a la negociación del contrato de fideicomiso. Irónicamente, cuando se termina un fideicomiso, lo más complejo no es el aspecto jurídico, sino el aspecto empresarial y financiero. Darle la forma jurídica puede llegar a ser de lo más simple; sin embargo, cuando cabe la pregunta: ¿Qué debe devolverse o entregarse a las partes del fideicomiso? Puede existir un universo inmenso de posibilidades, casi siempre ceñidas a aspectos de carácter financiero. Cuando los recursos de un fideicomiso se acaban, no suelen quedar más que "pedazos" y ello puede hacer que el contrato termine en un tribunal. En la práctica fiduciaria se suele utilizar tanto la palabra "extinción", como la palabra "terminación". A veces se usan como sinónimos. Considero que no necesariamente lo son, pues la LGTOC solo menciona la palabra "terminación" para referirse al contrato, mientras que la palabra "extinción", que no se menciona en la LGTOC para el fideicomiso, se refiere al patrimonio fideicomitido y es vía contractual.

Así las cosas, en términos legales el fideicomiso termina por:

I.- <u>Por la realización del fin para el cual fue constituido</u>: Cuando un fideicomiso logra cumplimentar sus objetivos, es llegado el momento de extinguirlo. Por ejemplo, en un fideicomiso de zona restringida cuando un extranjero se naturaliza mexicano.

II.- <u>Por hacerse el fin de imposible realización</u>: Resulta imposible ejecutar un contrato cuando esto ocurre, debido a las reglas básicas de los contratos por objeto imposible. En resumidas cuentas, si el fin del fideicomiso se vuelve jurídica o naturalmente imposible, el fideicomiso debe terminar. Por ejemplo, si una reforma legislativa imposibilitara la ejecución del contrato o por alguna expropiación no se pudiere continuar con la actividad del contrato.

Cabe señalar también que, en este rubro, puede considerarse también causal de terminación la Extinción de Dominio, conforme a la propia Ley Nacional de Extinción de Dominio (LNED) y las correlativas locales en su ámbito de aplicación.

III.- <u>Por hacerse imposible el cumplimiento de la condición suspensiva de que dependa o no haberse verificado dentro del término señalado al constituirse el fideicomiso o, en su defecto, dentro del plazo de 20 años siguientes a su constitución</u>: Este caso es poco frecuente; sin embargo, es posible que ocurra. Imaginemos un caso en el que en el contrato de fideicomiso se indicara que los recursos fideicomitidos se van a dispersar entre los fideicomitidos, siempre y cuando los hijos del fideicomitente adquieran algún grado académico determinado. Si en el transcurso de 20 años no ocurre o los susodichos fallecieren, entonces el fideicomiso se terminaría, si el padre fideicomitente también ha fallecido y es imposible modificar el contrato.

IV.- Por haberse cumplido la condición resolutoria a que haya quedado sujeto. Este es otro caso que tiene que ver con las modalidades de las obligaciones en su vertiente de Condiciones Resolutorias. Es una especie de *vade retro* en las relaciones contractuales. Por ejemplo, si en el contrato de fideicomiso se pactare que los fideicomisarios gozarán de la dispersión de recursos en su favor, mientras tengan la calidad de estudiantes universitarios. Por otro lado, en el momento en el que los mismos se graduaren, dichos derechos se perderán. En este escenario, si el contrato no se modifica, entonces debe terminar.

V. Por convenio escrito entre fideicomitente, fiduciario y fideicomisario: Este es el caso más común que no requiere mayor explicación jurídica, más que el hecho de que nadie está obligado a permanecer en una relación jurídica, a menos que se lo mande la ley, deba prestaciones a la otra parte o a un tercero. Lo interesante de esta fracción es la negociación que debe anteceder a este acuerdo de terminación (recordemos que no es importante cómo se le denomine al documento de terminación). En estos casos es muy importante haber cumplido con las contraprestaciones, con las disposiciones del contrato, hacer las reservas que sean necesarias, pagar los honorarios fiduciarios, pagar a los administradores o emolumentos a los miembros de los comités, en su caso; devolver o entregar lo que corresponda a cada parte conforme al contrato, entre otros puntos. El asesor debe cuidar mucho este punto, pues un error podría llevar el contrato a tribunales.

VI. Por revocación hecha por el fideicomitente, cuando éste se haya reservado expresamente ese derecho al constituir el fideicomiso: Este punto es muy interesante, pues en materia fiduciaria existe algo que se llama "revocación", que no es algo distinto a lo que esta palabra significa en otras ramas del derecho, tal y como se anunció desde la definición en el apartado correspondiente. Revocar significa dejar sin efectos de manera unilateral un acto perfecto que ha sido conferido u otorgado. No importa si son varios fideicomitentes, pues el derecho de revocación se puede distribuir entre ellos de manera contractual. Si el fideicomitente desea conservar el derecho de revocación debe hacer mención expresa de ello, pues es una cláusula accidental (que debe pactarse en el contrato para que exista). Por ejemplo, en un contrato de fideicomiso, un fideicomitente se ha reservado el derecho de revocación en un Fideicomiso Sucesorio en favor de su cónyuge para que, una vez muerto, la citada goce de los beneficios; sin embargo, con el paso del tiempo encuentra que su cónyuge le ha sido infiel, por lo que desea revocar el fideicomiso y no beneficiarle con los provechos que genere el fideicomiso. Casi todos los fideicomisos sucesorios son revocables por su naturaleza.

VII. <u>Por fraude de acreedores:</u> En este caso, cualquier acto jurídico celebrado en fraude de acreedores, será nulo. Considero que este supuesto es contradictorio, pues cuando algo es nulo no se trata de una terminación, ya que en materia de nulidades el vicio viene de origen. Debemos traer a colación el artículo 2163 del CCF, que establece que los actos celebrados por un deudor en perjuicio de su acreedor pueden anularse, a petición de éste, si de esos actos resulta la insolvencia del deudor, y el crédito en virtud del cual se intenta la acción, es anterior a ellos. El que hubiere adquirido de mala fe las cosas enajenadas en fraude de los acreedores, deberá indemnizar a éstos de los daños y perjuicios, cuando la cosa hubiere pasado a un adquirente de buena fe, o cuando se hubiere perdido. La nulidad puede tener lugar, tanto en los actos en que el deudor enajena los bienes que efectivamente posee, como en aquellos en que renuncia derechos constituidos a su favor y cuyo goce no fuere exclusivamente personal.

En materia de concursos mercantiles, también serán nulos los convenios particulares entre el comerciante y cualesquiera de sus acreedores celebrados, a partir de la declaración de concurso mercantil. Dicho convenio (o contrato) bien puede ser un fideicomiso. El acreedor que los celebre perderá sus derechos en el concurso mercantil.

VIII. <u>Terminación por falta de pago al fiduciario:</u> En el supuesto de que no se le haya cubierto la contraprestación debida a la fiduciaria, en los términos establecidos en el contrato respectivo, por un periodo igual o superior a tres años, la institución fiduciaria podrá dar por terminado, sin responsabilidad, el fideicomiso.

VIII. I. <u>Procedimiento:</u> La institución fiduciaria deberá notificar al fideicomitente y al fideicomisario su decisión de dar por terminado el fideicomiso por falta de pago de las contraprestaciones debidas por su actuación como fiduciario y establecer un plazo de 15 días hábiles para que los mismos puedan pagar los adeudos, según corresponda.

En el caso de que, transcurrido el citado plazo, no se hayan cubierto las contraprestaciones debidas, la institución fiduciaria transmitirá los bienes o derechos en su poder en virtud del fideicomiso, al fideicomitente o al fideicomisario, según corresponda.

Ahora bien, ¿qué ocurre cuando el fiduciario no halla a quién devolver o entregar los bienes afectos al fideicomiso? En el evento de que, después de esfuerzos razonables, la institución fiduciaria no pueda encontrar o no tenga noticias del fideicomitente o fideicomisario para efectos de lo anterior y siempre que haya transcurrido el plazo señalado sin haber recibido la contraprestación correspondiente, estará facultada para abonar los referidos bienes, cuando éstos se traten de recursos líquidos entre las opciones disponibles que maximicen la recuperación, a la cuenta global de la institución a que se refiere el artículo 61 de la LIC, en cuyo caso los mencionados recursos se sujetarán a las disposiciones aplicables a la citada cuenta global. Tratándose de bienes que no sean recursos líquidos, la institución fiduciaria, sin responsabilidad alguna, estará facultada para enajenar los mismos y convertirlos en recursos líquidos, para su posterior abono en la cuenta global en los términos señalados. Contra los recursos líquidos que se obtengan, podrán deducirse los gastos relacionados con la recuperación.

Lo anterior puede ocurrir por las siguientes causas, de forma enunciativa:

- Por muerte de las partes
- Por falta de provisiones contractuales
- Por desaparición de las personas (en materia penal)
- Por ausencia y presunción de muerte
- Por conflicto entre las partes

La regla general es que, si no se pactó lo contrario, los bienes o derechos en poder de la institución fiduciaria serán transmitidos al fideicomitente o al fideicomisario, de acuerdo con el contrato. En caso de duda u oposición respecto de dicha transmisión, el juez de primera instancia competente en el lugar del domicilio de la institución fiduciaria, oyendo a las partes, resolverá lo conducente. Este último evento es el que se refiere en el último punto anterior.

IX. <u>Por imposibilidad de sustitución fiduciaria.</u> Cuando resulte imposible sustituir al fiduciario, incluido el caso de su remoción, el fideicomiso deberá darse por terminado. En este caso, los bienes deberán devolverse o entregarse a las partes conforme al contrato y en caso de controversia deberá resolverse ante autoridad judicial.

X. <u>Por falta de saldos insolutos por concepto de créditos a cargo de la masa fiduciaria, de certificados de participación o de participación en los frutos o rendimientos, cuando así esté pactado en el contrato.</u> Esta causal de terminación está en el capítulo relativo a los Certificados de Participación de la LGTOC. Por el contrario, mientras existan saldos insolutos de pagar en favor de los tenedores de certificados de participación del fideicomiso, entonces no se puede extinguir el fideicomiso. Bajo esta modalidad de fideicomisos, si ya no queda saldo insoluto alguno, deberá darse por terminado.

Por otro lado, la extinción del fideicomiso se refiere al patrimonio. Efectivamente, puede ser que se extinga una parte del patrimonio fideicomitido y no que termine necesariamente el contrato de fideicomiso. Por ejemplo, cuando se vende uno de los bienes del fideicomiso se dice que hubo una "extinción parcial" y no una "terminación parcial".

Cuando se da por terminado un contrato de fideicomiso es importante hacer constar el finiquito más amplio que en derecho proceda, por las gestiones y actuaciones como institución fiduciaria en el fideicomiso. Asimismo, en caso de que no exista controversia alguna, suele acordarse la renuncia a cualquier derecho o acción que pudiera ejercerse en contra de las partes. El asesor debe ser cuidadoso al redactar este punto, pues es común que la fiduciaria solamente ponga énfasis en salir a salvo y en paz respecto de sí, pero no respecto de los fideicomitentes y fideicomisarios, por lo que es importante que se liberan de responsabilidad entre todos.

M. Reversión de los Bienes Fideicomitidos

Revertir significa volver al estado o condición que antes tuvo algo. También significa volver a la propiedad que tuvo antes, o pasar a un nuevo dueño. En el fideicomiso el concepto "reversión" significa lo mismo: es devolver la propiedad o la titularidad de bienes o derechos en favor de uno o varios fideicomitentes.

Esta figura se ha confundido notablemente con la "revocación" del fideicomiso, mismo concepto que ya ha sido explicado. Si bien es cierto que ambos derechos son susceptibles de ser "reservados" por el o los fideicomitentes, no menos cierto es que implican efectos distintos, aunque pudieren ser similares. Revocar significa dejar sin efectos de manera unilateral, un acto que ha sido otorgado por alguien; por ejemplo, si un fideicomitente aporta bienes y se reserva el derecho de revocar el fideicomiso, entonces este quedará sin efectos, se dará por terminado y probablemente los bienes regresarán a él mediante una reversión de propiedad. En el caso de la reversión de bienes, es justamente el fideicomitente quien detona ese derecho que se reservó en un acto previo, pero no significa que el fideicomiso quede sin efectos, pues en este caso el fideicomiso seguirá surtiendo efectos si hay más bienes dentro del patrimonio fideicomitido.

En pocas palabras, la revocación significa "matar" unilateralmente al fideicomiso y la reversión significa "devolver" los bienes a quien los aportó al fideicomiso.

Para revertir la propiedad de los bienes en un fideicomiso es importante seguir las mismas formalidades que para su aportación. Por ejemplo, si mediante escritura pública se aportaron bienes inmuebles a un fideicomiso, entonces para revertirla será necesario hacerlo también en escritura pública, con los mismos efectos administrativos y registrales que sean procedentes. Respecto de los efectos fiscales puede variar, de acuerdo con el artículo 14 del CFF que analizaremos más adelante.

En el caso de documentos como títulos de crédito, si bien se deberán aportar mediante un endoso en propiedad (o titularidad) al fiduciario, también hay que considerar que para revertir su propiedad habrá que volver a endosar el título, como pasa con las acciones. A lo largo de la práctica fiduciaria se ha pensado, en algunos casos, que para el caso del fideicomiso de garantía sería suficiente con endosar en garantía los títulos de crédito; sin embargo, ello es un error que se explica por no entender los efectos traslativos de propiedad que surte el fideicomiso, de tal suerte que el endoso correcto en estos casos deberá ser, precisamente, un endoso en propiedad.

Asimismo, hay quienes también han argumentado que sería posible realizar un endoso en administración (artículo 283 de la LMV); sin embargo, ello también es un error notorio pues la LMV es clara en el sentido de que este tipo de endosos solo se puede realizar en favor de las Instituciones para el Depósito de Valores y su fin es justificar su tenencia para gestionar, tener en depósito, custodiar, compensar, liquidar, transferir y ejercer derechos derivados de títulos valor. Nuevamente, hay que recalcar que el endoso procedente en cualquier tipo de fideicomiso es el endoso en propiedad.

Bajo el entendido de lo anterior, cuando un fideicomitente ejerce su derecho de reversión deberá otorgarlo como acto jurídico y, como consecuencia, se transmitirá todo o parte del patrimonio fideicomitido a su favor por parte del fiduciario. Es indispensable señalar de manera precisa los bienes cuya propiedad se está revirtiendo. En la readquisición quedan comprendidos lo que de hecho y por derecho correspondan a los bienes enajenados, sin reserva ni limitación alguna, salvo pacto en contrario.

Vale la pena señalar que la reversión de propiedad suele presentarse en la práctica jurídica también para efectos fiscales. La autoridad y el legislador fiscal, en un ejercicio de sensatez, decidió darle determinados efectos a la reversión en el fideicomiso y su fundamento se encuentra en el artículo 14 del CFF, para lo cual destinaré un apartado específico a continuación.

La Reversión para Fines Fiscales

Es muy importante entender que la enajenación para efectos mercantiles (legales) es una cosa y la enajenación para efectos fiscales es otra cosa. Si bien ambos conceptos tienen similitudes, no son lo mismo. Esto es de utilidad conocerlo, pues nos ayudará a prevenir al cliente respecto de si se detonarán impuestos por enajenación o no, a la hora de hacer un fideicomiso.

El artículo 14 del CFF nos da la luz para este tema. Claramente establece que hay enajenación fiscal de bienes en el caso del fideicomiso en los siguientes casos:

a) <u>En el acto en el que el fideicomitente designe o se obliga a designar fideicomisario diverso de él y siempre que no tenga derecho a readquirir del fiduciario los bienes.</u>

¿Cuándo se causa la enajenación fiscal? En el momento de la designación o de obligarse a designar fideicomisario diverso de él, que no puede ser otro momento más que al firmar el contrato de fideicomiso o algún acuerdo modificatorio.

Este caso se ilustra fácilmente de la siguiente manera:

Juan está interesado en aportar bienes a un fideicomiso (será fideicomitente). En el contrato designa como fideicomisario a Pedro y además ha renunciado expresamente (artículos 6 y 7 del CCF) al derecho de reversión (readquirir los bienes).

En este ejemplo, resultará que Juan ya no está en el "triángulo" fiduciario, pues por una parte aportó los bienes y por otra parte no es fideicomisario, ni puede readquirir los bienes. Podríamos decir que "aportó y se fue". En ese caso **hay enajenación fiscal.**

Luego entonces, si Juan fuere fideicomitente y al mismo tiempo fideicomisario, entonces no habrá enajenación fiscal. Si Juan puede readquirir los bienes que aportó al fideicomiso, tampoco hay enajenación fiscal. ¿Por qué ocurre esto? Porque el legislador considera que en este último caso el fideicomitente "no salió" de la relación fiduciaria y al quedarse ahí, no tiene sentido hablar de una enajenación para fines tributarios.

Ilustración 4 - Fideicomiso sin Enajenación Fiscal

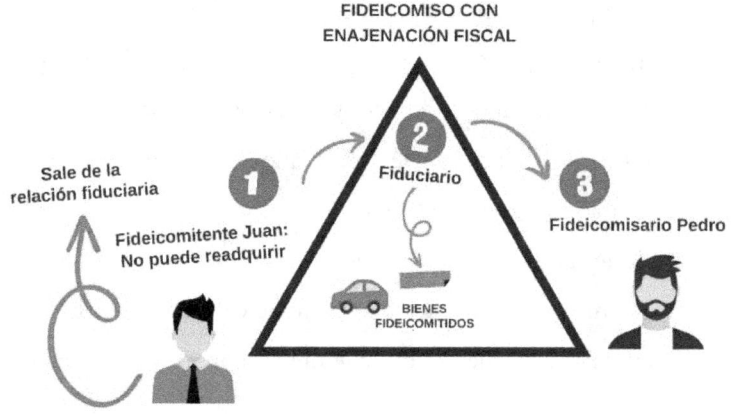

Ilustración 5 - Fideicomiso con Enajenación Fiscal

Es importante señalar que algunas de las obligaciones tributarias en estos casos y en algunos otros, debe cumplirlas el fiduciario o en su defecto, el intermediario financiero que corresponda, pero por cuenta de los fideicomisarios o fideicomitentes. Lo anterior también resulta aplicable para fideicomisos con actividades empresariales, como lo establece la parte final del artículo 13 de la LISR.

b) <u>En el acto en el que el fideicomitente pierda el derecho a readquirir los bienes del fiduciario, si se hubiera reservado tal derecho.</u>

Esta fracción puede presentar complejidades, ya que la misma establece que hay enajenación fiscal "en el acto" y no en el "acto o hecho", o en el "momento" en el que el fideicomitente pierda el derecho a readquirir. ¿Por qué sostengo esto? Porque pareciera ser que el legislador se refirió a actos que excluyen a los hechos, por lo que, si el fideicomitente pierde el derecho a readquirir por un hecho jurídico, entonces estaría fuera del umbral de la norma fiscal. Por ejemplo, pensemos que Juan aporta bienes a un fideicomiso y conservó, desde el contrato, el derecho a readquirirlos. Pensemos que el contrato estableciera que Juan "perderá" el derecho a readquirir cuando contraiga una enfermedad incurable o que un huracán acabe con parte de los bienes fideicomitidos. Dichos acontecimientos son hechos jurídicos y no "actos".

Estos ejemplos parecieran ser que no entran en lo que el legislador denominó "en el **acto** en el que el fideicomitente pierda el derecho a readquirir...".

¿Cómo podría, entonces, ser un acto? Siendo estrictos, únicamente cuando por medio de voluntad expresa y deliberada, las partes acuerden tal pérdida, como un convenio, pacto, acuerdo, etcétera. Si en un fideicomiso de garantía, el fideicomitente (deudor, en un crédito frente al fiduciario) pierde los derechos de readquirir por un incumplimiento fortuito o voluntario (hechos jurídicos), pareciera ser que no se surte el efecto de enajenación fiscal, pues recordemos que en materia tributaria la aplicación de contribuciones debe ser estricta y no por analogía, por lo que no cabría decir que de manera análoga se aplica el supuesto de **acto** a **hechos jurídicos** también.

c) Cuando el fideicomitente reciba certificados de participación por los bienes que afecte en fideicomiso, se considerarán enajenados esos bienes al momento en que el fideicomitente reciba los certificados, salvo que se trate de acciones.

Aquí lo que vemos es una permuta: el fideicomitente da bienes y recibe a cambio certificados de participación. Cuando esto ocurre, el legislador fiscal considera que hay enajenación al momento en el que el fideicomitente recibe los certificados.

¿Cuándo ocurre que el fideicomitente "recibe" los certificados? De entrada, debe entenderse que es a la firma del acuerdo por el cual se aportan bienes y se dan certificados, ya que estos son títulos de crédito y, de hecho, la LGTOC le da el carácter de "tenedor" a quien los tenga en posesión, por lo que al tratarse de títulos de crédito, es indispensable que el tenedor materialmente los ostente para el ejercicio de sus derechos incorporados y bajo ese escenario, lo más probable es que el contrato establezca que en ese acto se le hace la entrega de los certificados de participación, momento en el cual se causará la enajenación fiscal.

A reserva de tratar en un apartado especial el tema de los Certificados de Participación, es importante decir que el hecho de ser tenedor de uno de ellos convierte a la persona en un fideicomisario, pues le dará derechos sobre el patrimonio fideicomitido.

d) La cesión de los derechos que se tengan sobre los bienes afectos al fideicomiso, en cualquiera de los siguientes momentos:

d.1. En el acto en el que el fideicomisario designado ceda sus derechos o dé instrucciones al fiduciario para que transmita la propiedad de los bienes a un tercero.

En estos casos se considerará que el fideicomisario adquiere los bienes en el acto de su designación y que los enajena en el momento de ceder sus derechos o de dar dichas instrucciones: nuevamente, el acto en el que el fideicomisario ceda sus derechos debe ser un acto jurídico. Dicho acto jurídico es la firma de un convenio de cesión de derechos fideicomisarios, siempre y cuando sea en favor de un tercero (no partes del contrato), por redundante que parezca.

El otro supuesto se presenta si el fideicomitente ordena "sacar" del fideicomiso uno o más bienes en favor de un tercero, en cuyo caso habrá enajenación fiscal.

d.2. En el acto en el que el fideicomitente ceda sus derechos si entre éstos se incluye el de que los bienes se transmitan a su favor. Cuando se emitan certificados de participación por los bienes afectos al fideicomiso y se coloquen entre el gran público inversionista, no se considerarán enajenados dichos bienes al enajenarse esos certificados, salvo que estos les den a sus tenedores derechos de aprovechamiento directo de esos bienes, o se trate de acciones. La enajenación de los certificados de participación se considerará como una enajenación de títulos de crédito que no representan la propiedad de bienes y tendrán las consecuencias fiscales que establecen las Leyes fiscales para la enajenación de tales títulos:

Ejemplo: Juan es fideicomitente en un fideicomiso determinado y en un convenio de cesión de derechos fiduciarios se establece, por permisión del fideicomiso, que el inmueble que aportó se le pueda devolver a dicho cesionario. Esto implica que esa "potencialidad" de recuperar los bienes pasó de Juan a un tercero (cesionario), quien se subió al fideicomiso.

El otro supuesto se refiere a fideicomisos que realizan colocación en bolsa (cuando se emitan certificados de participación por los bienes afectos al fideicomiso y se coloquen entre el gran público inversionista). Solo hay enajenación cuando esos certificados otorgan derechos de aprovechamiento directo sobre los bienes o sean acciones.

Caso Práctico 3:

Los participantes (fideicomitentes y fideicomisarios) le comunican a usted que cuentan con un fideicomiso cuyo patrimonio se compone de recursos líquidos y de acciones de tres empresas de naturaleza mercantil. Además, le hacen saber que tienen la intención de hacer una colocación de valores fiduciarios en bolsa en los próximos cinco años, si se cumplen diversas metas financieras. El fideicomiso tiene como finalidad controlar las empresas a través de la referida suscripción de capital; sin embargo, el patrimonio fideicomitido, por lo que hace a los recursos líquidos, se han estado invirtiendo en instrumentos derivados de alto riesgo, por lo que usted sugiere que se ponga en conocimiento a los fideicomisarios para que no se arriesgue de más el patrimonio fideicomitido. Adicionalmente a las medidas que ha sugerido usted, propone la conformación de un Comité de Auditorías y un Auditor Externo Independiente, para que puedan evaluar la situación. Además, usted ha puesto de conocimiento a los participantes respecto de la conveniencia de preparar las condiciones para realizar colocación en bolsa, lo que requiere una amplia capitalización, así como la contratación de diversos asesores.

Por último, le preguntan a usted si convendría o no conformar un Comité de Inversiones permitidas en el fideicomiso, por lo que le han solicitado elaborar un dictamen legal por escrito al respecto, junto con el asesor financiero. Para ello, el fiduciario se anticipa argumentando que se requiere modificar el contrato, pues dicha estructura discrepa del contrato original.

APARTADO MULTIMEDIA

DE LOS FIDEICOMISOS EN PARTICULAR

A continuación, vamos a proceder al estudio de los fideicomisos en particular. Sin lugar a duda, lo anterior es un gran reto, ya que como se ha indicado desde el inicio, el tema del fideicomiso abarca distintas disciplinas, como contaduría, derecho, finanzas, etcétera. Puede parecer un poco ambicioso abordar todo lo relativo a los fideicomisos; sin embargo, se hará lo posible solo en el ámbito jurídico.

A. Fideicomiso de Inversión

El primer fideicomiso en particular a tratar será el fideicomiso de inversión, pues para hablar de otros es necesario comprender ciertos conceptos que están en este rubro. Inversión puede ser el tratamiento para acrecentar el patrimonio líquido del fideicomiso. En dichos casos, para la inversión y administración del patrimonio fideicomitido, las Instituciones Fiduciarias deben ajustarse a lo pactado en el contrato de Fideicomiso, en el cual se podrá estipular la posibilidad de recibir instrucciones del fideicomitente, del fideicomisario o del Comité Técnico.

De acuerdo con la Circular 1/2005, en el contrato de Fideicomiso se deberá pactar:

i) El procedimiento a seguir para invertir los recursos líquidos que integren el patrimonio fideicomitido;

ii) La forma como se procederá en caso de que dicha inversión no pueda realizarse conforme al procedimiento previsto;

iii) La clase de bienes, derechos o títulos en los que se podrán invertir los recursos líquidos que integren el patrimonio de dicho Fideicomiso;

iv) Los plazos máximos de las inversiones;

v) Las características de las contrapartes con quienes tales inversiones podrán realizarse;

vi) Tratándose de inversiones en valores, títulos de crédito u otros instrumentos financieros, las características de sus emisores y en su caso, la calificación de tales valores, títulos o instrumentos, y

vii) Que los fondos que reciban las Fiduciarias que no se inviertan de manera inmediata conforme a los fines del Fideicomiso de que se trate, deberán ser depositados en una Institución de Crédito a más tardar el día hábil siguiente al que se reciban, en tanto se aplican al fin pactado en el contrato de Fideicomiso respectivo, así como que de realizarse el depósito en la Institución de Crédito que actúa como Fiduciaria, éste deberá devengar la tasa más alta que dicha Institución pague por operaciones al mismo plazo y monto similar, en las mismas fechas en que se mantenga el depósito

Como puede apreciar el lector, todo depende de a qué le llamemos "inversión", pues una construcción doméstica sin capital bursatilizado bien podría ser una inversión de capital privado. Aportar dinero para alimentos o vivienda de los hijos de alguien también podría ser una inversión, y así "casi todo" podría ser una inversión. Por lo anterior, en este sector también optaré por abordar el fideicomiso de inversión como aquel donde el capital fideicomitido se traslada a bolsa, ya sea invirtiendo o colocando para captación de recursos del público inversionista. Esto significa Oferta Pública de Valores[10], misma que está terminantemente prohibida por las leyes mexicanas, salvo que se haga en Mercados Reconocidos. Literalmente, significa ofrecer títulos valor al público en general, lo que implica un pasivo directo o contingente (captación de recursos del público).

Primero que nada, hay que recordar que no es lo mismo invertir en bolsa, que colocar en bolsa. Para que un fideicomiso pueda colocar en bolsa, es necesario que primero emita, por conducto de un fiduciario emisor, Certificados de Participación y los coloque en Mercados Reconocidos. Cuando dichos Certificados sean colocados en mercados bursátiles, serán denominados "Certificados Bursátiles Fiduciarios".

Para efectos de ley, los Mercados Reconocidos son fundamentalmente bolsas de valores y de derivados nacionales y extranjeras. El CFF los define de la siguiente manera:

1. Las sociedades anónimas que obtengan concesión de la SHCP para actuar como bolsa de valores en los términos de la Ley del Mercado de Valores, así como el Mercado Mexicano de Derivados.

2. Las bolsas de valores y los sistemas equivalentes de cotización de

---

[10] Oferta Pública: el ofrecimiento, con o sin precio, que se haga en territorio nacional a través de medios masivos de comunicación y a persona indeterminada, para suscribir, adquirir, enajenar o transmitir valores, por cualquier título.

títulos, contratos o bienes, que cuenten al menos con cinco años de operación y de haber sido autorizados para funcionar con tal carácter de conformidad con las leyes del país en que se encuentren, donde los precios que se determinen sean del conocimiento público y no puedan ser manipulados por las partes contratantes de la operación financiera derivada.

3. En el caso de índices de precios, éstos deberán ser publicados por el INEGI, por la autoridad monetaria equivalente o por la institución competente para calcularlos, para que se considere al subyacente como determinado en un mercado reconocido. Tratándose de operaciones financieras derivadas referidas a tasas de interés, al tipo de cambio de una moneda o a otro indicador, se entenderá que los instrumentos subyacentes se negocian o determinan en un mercado reconocido cuando la información respecto de dichos indicadores sea del conocimiento público y publicada en un medio impreso o electrónico, cuya fuente sea una institución reconocida en el mercado de que se trate.

Los Certificados de Participación no bursatilizados, para efectos el fideicomiso son títulos de crédito que representan el derecho a una parte alícuota de los frutos o rendimientos de los valores, derechos o bienes de cualquier clase que tenga en fideicomiso irrevocable para ese propósito la sociedad fiduciaria que los emita. Asimismo, los referidos certificados se consideran bienes muebles aun cuando los bienes fideicomitidos, materia de la emisión, sean inmuebles y es privativo para las instituciones fiduciarias emitir este tipo de documentos y no menos importante es que para determinar los términos y condiciones de los citados certificados, deberá existir aprobación de la CNBV, bajo el entendido que en el acto de su emisión deberá concurrir un representante de la Comisión Nacional Bancaria.

Concretamente, el referido acto de emisión es la sesión del Comité Técnico que determine tal emisión, elabore el acta correspondiente y gire la instrucción al fiduciario.

El primer requisito para que se puedan emitir este tipo de títulos de crédito es que se emitan a amparo de un fideicomiso de carácter irrevocable (tratándose de fideicomisos privados).

Ahora bien, como se aclaró, los Certificados de Participación que son colocados en Mercados Reconocidos son Certificados Bursátiles Fiduciarios (CBF o CBFs) que, igualmente, son emitidos al amparo de un fideicomiso irrevocable cuyo patrimonio afecto podrá quedar constituido, en su caso, con el producto de los recursos que se obtengan con motivo de su colocación. Esto significa que, mediante una Oferta Pública del fiduciario emisor, el Público Inversionista está financiando al patrimonio fideicomitido mediante la citada colocación. Dichos certificados hacen posible la captación legal de recursos del público a la que hace referencia la parte final del artículo 2°, así como el 103 de la LIC. Los referidos CBFs confieren las siguientes posibilidades, en términos de derechos:

1. El derecho a una parte del derecho de propiedad o de la titularidad sobre bienes o derechos afectos en fideicomiso: Este derecho puede presentar confusiones, pues indica que el titular de los CBFs es copropietario o cotitular, con la institución fiduciaria, de los bienes afectos al fideicomiso. Auténticamente, esto es lo que previene la LMV.

   Por ejemplo, si dentro de los bienes fideicomitidos se encuentra un edificio de ocho pisos, el tenedor de este tipo de certificados tendrá derechos sobre la copropiedad del inmueble.

2. El derecho a una parte de los frutos, rendimientos y, en su caso, al valor residual de los bienes o derechos afectos con ese propósito en fideicomiso. Este supuesto se refiere a los derechos que otorgan la

facultad de participar, por ejemplo, en las rentas que arrojen los bienes fideicomitidos, así como el valor residual. Valor residual significa un precio inferior al de mercado, con base en las estipulaciones concretas que se hagan en la operación.

Por ejemplo, al igual que en el inciso anterior, si un fideicomiso tuviere en su masa patrimonial un inmueble de ocho pisos que se dan en renta para oficina, el titular de este tipo de certificados tiene derecho a participar económicamente en las ganancias por esas rentas.

3. <u>El derecho a una parte del producto que resulte de la venta de los bienes o derechos que formen el patrimonio fideicomitido.</u> Cuando los bienes se vendan a un tercero, este derecho proporciona al tenedor del certificado a poder participar económicamente en la misma, bajo el entendido de las disposiciones que contenga el propio certificado.

Usemos el mismo ejemplo que los incisos anteriores. Si resulta que el fideicomiso va a vender el referido inmueble de ocho pisos en 140 millones de pesos, entonces el titular de estos certificados tiene derecho a participar en esa venta. Podría ser que tenga derecho al 0.5% de la venta, que serían 700 mil pesos.

4. <u>En su caso, el derecho de recibir el pago de capital, intereses o cualquier otra cantidad</u>. Este confiere, como su nombre lo indica, facultades para obtener rendimientos de algún producto determinado.

Ejemplo: Pensemos que el fideicomiso tiene un capital distribuible de 10 millones de pesos. En este caso, si el titular de un certificado tuviere derechos que confirieran intereses de un 0.5%, entonces tendría derecho a 50 mil pesos.

Los anteriores han sido ejemplos muy sencillos que pueden complicarse considerablemente cuando son instrumentos bursatilizados, pero para fines didácticos el lector podrá comprender de esta manera la naturaleza de los referidos títulos valor.

Es importante señalar que no todas las fiduciarias pueden emitir este tipo de valores, pues está limitado para bancos, casas de bolsa y sociedades operadoras de fondos de inversión.

Con base en lo anterior, pueden existir fideicomisos que inviertan en empresas, en inmuebles o en otros instrumentos financieros como derivados. A reserva de estudiar los FICAPS y las FIBRAS, hay fideicomisos cuyos recursos de emisión se destinan a la inversión en acciones, partes sociales o el financiamiento de sociedades mexicanas, ya sea directa o indirectamente, a través de varios vehículos de inversión, en cuyo caso deben adicionar a su denominación de Certificado Bursátil Fiduciario (CBF) la expresión "de desarrollo" (los llamados CKDs).

Por otro lado, hay fideicomisos cuyos recursos de emisión se destinan a la inversión en inmuebles para su desarrollo, comercialización o administración, en sociedades que lleven a cabo dichas inversiones, o en títulos o derechos de cualquier tipo sobre dichos bienes inmuebles, o una combinación de cualquiera de las anteriores, que deben adicionar a su denominación de CBF la palabra "inmobiliarios".

Por lo que respecta a otros fideicomisos de inversión que representan derechos respecto de valores, bienes, instrumentos financieros derivados u otros activos que buscan replicar el comportamiento de uno o más índices, activos financieros o parámetros de referencia, deben agregar a su denominación de CBF la palabra "indizados". Estos son los que se conocen como "productos derivados" y cotizan en el MexDer (Mercado de Derivados) de Bolsa Mexicana de Valores.

Cuando son colocados los referidos certificados e inscritos en el Registro Nacional de Valores, deberán ser listados y negociados a lo largo de las sesiones bursátiles en las bolsas de valores.

Cabe destacar un punto muy importante: no se trata del fideicomiso en sí quien realiza la emisión de CBFs, pues como hemos referido varias veces, el fideicomiso no tiene personalidad jurídica. Así las cosas, es la institución fiduciaria quien debe realizar la emisión de los CBFs, a quien a partir de este momento denominaremos como "emisora".

La emisora debe tener un Prospecto de Colocación respecto de la emisión que le fue ordenada por conducto de los fideicomitentes (o más probablemente de un Comité Técnico). El Prospecto de Colocación es un documento multidisciplinario que contiene toda la "radiografía" de lo que se está colocando en bolsa; es decir, establece la información contable, legal, fiscal, de mercado, ambiental, empresarial, de negocios, financiera, entre otras, de la emisión correspondiente. El Prospecto de Colocación es el documento fehaciente que tiene el inversionista para saber en qué está invirtiendo y es un documento sumamente requisitado por las Disposiciones para Emisoras.

De manera resumida, el Prospecto de Colocación debe contener lo que establece el artículo 86 de la LMV, en lo que resulte aplicable al fiduciario emisor de los CBFs.

Asimismo, el Prospecto de Colocación debe firmarse por diversos funcionarios e insertarse leyendas establecidas por las referidas disposiciones. Tales funcionarios podrían ser:

1. El representante legal del Intermediario Colocador (casa de bolsa)
2. El representante, mandatario o apoderado de la persona moral que proporcione los servicios de auditoría externa y por el propio auditor externo

3. El licenciado en derecho[11]

4. El representante legal del aval o garante que cuente con poder general o especial suficiente para obligarlo

5. El representante legal del fiduciario (generalmente, el delegado fiduciario o quien cuente con facultades para ello)

6. El director general, el director de finanzas y el director jurídico, o sus equivalentes, del fideicomitente o de quien aporte los bienes al fideicomiso

7. El representante legal del representante común de los CBFs (casa de bolsa o banco)

8. El representante legal con facultades generales para actos de administración de la persona moral que estructuró la emisión o cualquier otro tercero que participe en la determinación de los términos y condiciones de los valores.

El Prospecto de Colocación debe utilizarse para difusión al público y cumplir con diversos requisitos, de entre los que destacan los referidos.

Como ya lo indicamos, la emisión de CBFs se hace mediante un fiduciario emisor actuando en un fideicomiso determinado, acompañado de su Prospecto de Colocación. Ahora bien, es importante que dicha emisión sea mediante Oferta Pública de Valores, por lo que es necesario inscribir los referidos certificados en el Registro Nacional de Valores. Al efecto es necesario indicar:

1. Instrumento público en el que conste la celebración del fideicomiso, así como sus respectivas modificaciones.

2. Prospecto de colocación, salvo que se emitan valores representativos

---

[11] El licenciado en derecho es una figura en la LMV que se utiliza para que brinde la opinión independiente de la validez legal y certeza jurídica de lo que se coloque en bolsa. Sus atribuciones están en la referida ley y las opiniones debe realizarlas por escrito con los requisitos y supuestos que le impone la misma LMV y las Disposiciones para Emisoras.

de un pasivo igual o menor a un año. Por el contrario, solo cuando el pasivo sea por más de un año se requiere del prospecto de colocación.

3. Estados financieros anuales dictaminados del fideicomiso, acompañados del dictamen emitido por el auditor externo designado por la persona moral que proporcione los servicios profesionales de auditoría externa.

4. Opinión legal emitida por el licenciado en derecho externo independiente

5. Calificación sobre el riesgo crediticio de la emisión expedida por cuando menos una institución calificadora de valores. Se consideran títulos fiduciarios residuales de deuda, aquéllos que únicamente den el derecho a exigir el pago de principal e intereses con cargo al patrimonio fideicomitido.

6. Información del avalista o garante, tratándose de instrumentos avalados o garantizados, así como de las garantías, su constitución y forma de ejecución.

El asesor de un fideicomiso de esta naturaleza debe tener en cuenta todas las disposiciones contenidas en las Disposiciones para Emisoras, así como la labor del Licenciado en Derecho, pues éste debe emitir una opinión legal que verse sobre lo siguiente:

1. La debida constitución y existencia legal de la emisora, junto con los datos de celebración del fideicomiso relativo

2. La validez jurídica de los acuerdos de los órganos competentes, en su caso, que aprueben la emisión y la oferta pública de los valores objeto de la inscripción. Esto puede incluir la participación de diferentes comités del fideicomiso.

3. La validez jurídica de los valores y su exigibilidad en contra de la emisora, así como de las facultades de quienes los suscriban, al momento de la emisión

4. La debida constitución, exigibilidad de las garantías y las facultades de quien las otorga, así como sobre el procedimiento establecido para su ejecución, tratándose de instrumentos avalados o garantizados.

5. La validez jurídica y exigibilidad del contrato de fideicomiso, así como de los actos jurídicos para la transmisión de la propiedad o la titularidad sobre los bienes o derechos fideicomitidos, en los casos en que resulte aplicable, tratándose de emisiones al amparo de fideicomisos.

Como puede apreciar el lector, el asesor en materia de un fideicomiso de inversión requiere un amplio conocimiento técnico de las leyes en materia bursátil, así como de las disposiciones de carácter general. Dicho tipo de asesoría requiere, necesariamente, un perfecto empate entre el área contable, fiscal, financiera, PLD, empresarial y otras que resulten aplicables. No es posible que los asesores actúen por separado, pues un error en esta materia puede resultar extremadamente costoso en términos legales e, incluso, en la materia penal. Por ejemplo, un error en el Prospecto de Colocación puede hacer caer al público inversionista en un grave inconveniente, en términos de toma de decisiones, lo que implica responsabilidad penal, tanto para entidades, como para funcionarios. Como material de apoyo, remito al lector al siguiente vídeo para que pueda comprender cómo se localizan las emisoras y se pueden descargar sus prospectos de colocación:

Caso Práctico 4:

Con la finalidad de obtener recursos, su cliente le cuestiona si es posible realizar una colocación en bolsa. Le anticipa que ya cuenta, junto con sus socios, con un fideicomiso privado que ha capitalizado 200 millones de pesos, con inversión en activos inmobiliarios. La idea es que puedan financiarse del público inversionista. Le preguntan a usted qué procedimiento debe seguirse y qué tipo de asesores se van a requerir para poder dimensionarlo financieramente.

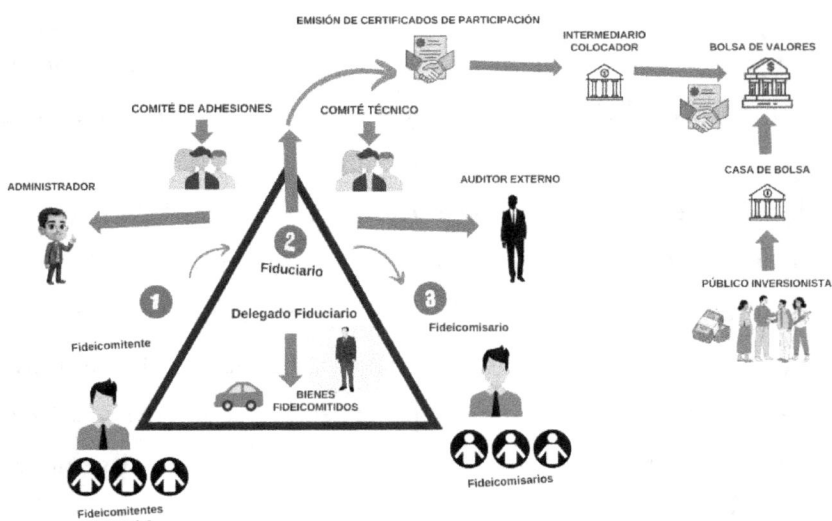

Ilustración 6 - Fideicomiso con Colocación en Bolsa

B. Fideicomiso de Inversión en Capital de Riesgo

Ahora abordemos el punto relativo al Fideicomiso de Inversión en Capital de Riesgo o Privado (FICAP). Vale la pena dejar en claro que en la práctica fiduciaria se sigue denominando a este tipo de fideicomisos como FICAPS, pese a que en la LISR se les cambió el nombre por "fideicomisos de inversión en capital de riesgo"; por esa razón, se opta por utilizar indistintamente uno u otro, pero con las iniciales FICAP.

Para fines prácticos, el Capital de Riesgo es Capital Privado *(venture capital, private equity)*. Los FICAPS lo que hacen es impulsar financieramente a empresas con potencial de crecimiento, como pueden ser empresas de tecnología o las denominadas *startups;* sin embargo, la LISR lo único que establece es que deben ser empresas no listadas en bolsa a la hora de la inversión. Dichas empresas se denominan Empresas Promovidas (EP)[12] en la práctica fiduciaria. Efectivamente, es la práctica del sector la que hace ideal este tipo de vehículos de inversión para empresas del tipo *startup* o de *venture capital,* dependiendo la madurez de la empresa.

El FICAP es un fideicomiso, pero su razón de ser se encuentra en el motivo determinante de sus fideicomitentes y fideicomisarios, ya que el régimen fiscal especial que tienen está hecho para ellos. La actividad de los FICAPS radica en la inversión en acciones emitidas por sociedades mexicanas residentes en México no listadas en bolsa al momento de la inversión, así como en préstamos otorgados a estas sociedades para financiarlas, a través de los referidos fideicomisos.

---

[12] No debe confundirse el concepto Empresa Promovida por el FICAP, con el de Empresa Promovida en los Fondos de Inversión de Capitales, pues si bien en ambos sectores se presentan los referidos conceptos y funcionan de manera similar, vale la pena aclarar que no son lo mismo.

Los requisitos para crear un FICAP son puntuales:

1. Que el fideicomiso se constituya de conformidad con las leyes mexicanas y la fiduciaria sea una institución de crédito o casa de bolsa residente en México para actuar como tal en el país: En este tipo de fideicomisos es menester que el contrato de fideicomiso se celebre con base en la LGTOC, la LIC, la civil supletoria, así como la LISR y que el fiduciario sea una casa de bolsa (con los requisitos vistos) o un banco con las referidas características.

2. Que el fin primordial del fideicomiso sea invertir en el capital de sociedades mexicanas residentes en México no listadas en bolsa al momento de la inversión y participar en su consejo de administración para promover su desarrollo, así como otorgarles financiamiento: Este es uno de los casos en los que el contrato de fideicomiso debe prever de forma muy cuidadosa sus fines. Dichos fines deben radicar en la inversión en el capital en empresas mexicanas residentes en México y que no estén listadas en bolsa.

   ¿Cómo ocurre lo anterior? El fiduciario, con los recursos fideicomitidos, debe suscribir acciones en las EP o bien, otorgarles créditos. No es correcto decir que el fideicomiso suscribe las acciones y que, luego entonces, es el fideicomiso el "accionista" en la EP, sino que es el fiduciario quien suscribe las acciones y actuando en el FICAP, se convierte en accionista de aquella.

   Asimismo, la disposición indica que el fiduciario debe participar en el consejo de administración de la EP para promover su desarrollo. Es por ello por lo que resulta común encontrar al delegado fiduciario participando en el consejo de administración de la EP, pues puede intervenir en la vigilancia, con voz y voto dentro del mismo. De lo anterior se deduce que para que una empresa califique para ser promovida de esta manera, no solo debe tener consejo de administración, sino auténticamente tener una estructura de gobierno corporativo. Lo anterior debe ser considerado tanto por el asesor, como por las partes del contrato.

3. Adicionalmente, dentro de los fines del FICAP puede existir el de prestar servicios independientes a las sociedades mexicanas residentes en México no listadas en bolsa al momento de su inversión, en cuyo capital haya invertido o que haya otorgado financiamiento. Lo anterior es posible, siempre y cuando los ingresos por la prestación de los servicios independientes no representen más del 10% de la totalidad de los ingresos que reciba el fideicomiso, durante el ejercicio fiscal de que se trate.

4. Que al menos el 80% del patrimonio del fideicomiso esté invertido en las acciones que integren la inversión en el capital o en financiamiento otorgados a las EP y el remanente se invierta en valores a cargo del Gobierno Federal inscritos en el Registro Nacional de Valores o en acciones de fondos de inversión en instrumentos de deuda. Aquí cobra relevancia la función del Comité Técnico, de auditorías y el AEI, ya que son dichos órganos los que deben intervenir en la elaboración de estados financieros (auditados) para determinar el porcentaje referido. El 80% debe estar integrado por acciones o créditos, como ha quedado dicho, y el remanente se invierte (no se coloca) en bolsa, específicamente en instrumentos de deuda de bajo riesgo.

Este requisito se entiende satisfecho cuando a más tardar al 31 de diciembre del cuarto año de operaciones del FICAP, cuando menos el 80% de su patrimonio se encuentre invertido en acciones de EP residentes en México no listadas en bolsas al momento de la inversión o en otorgarles financiamiento.

5. Que las acciones de las EP que se adquieran no se enajenen antes de

haber transcurrido al menos un periodo de dos años, contados a partir de la fecha de su adquisición. En la práctica se dice que las acciones de las EP deben "congelarse" por lo menos por dos años, pues el legislador consideró que es el plazo mínimo para que una inversión cobre sentido. Esto significa que la EP no puede cambiar de accionista por lo que hace al banco fiduciario que suscribió el capital social.

6. Que se distribuya al menos el 80% de los ingresos que reciba el fideicomiso en el año a más tardar dos meses después de terminado el año. Los ingresos para distribuir serán los ingresos netos que reciba el FICAP, por los conceptos de intereses provenientes de valores y ganancias obtenidas en su enajenación; intereses provenientes de financiamientos otorgados a sociedades promovidas; ganancias de capital derivadas de la enajenación de acciones de EP y dividendos por las acciones de EP. El procedimiento para realizar el cálculo se encuentra en el artículo 311 del reglamento de la LISR.

Asimismo, la presente disposición es uno de los incentivos más grandes que tienen este tipo de fideicomisos para sus inversionistas, pues tienen la garantía de que se les distribuirán, al menos, anualmente, los rendimientos que resulten de su inversión.

7. Por último, cabe señalar que cuando el FICAP realice una emisión de CBF, será el intermediario financiero (casa de bolsa) quien realice la retención de impuestos y entregará constancias a sus inversionistas.

La presente obra no pretende profundizar en el tratamiento fiscal de los fideicomisos, pues únicamente se abordan aspectos jurídicos y prácticos; sin embargo, es importante establecer que los efectos fiscales se causan de acuerdo con el artículo 193 de la LISR, así como su reglamento

Caso Práctico 5:

Existe una empresa que está desarrollando una aplicación móvil para prestar servicios financieros y requiere de una capitalización muy importante. Esta empresa está interesada en crear una aplicación que haga las funciones de un Crowdfunding (financiamiento colectivo), por lo que usted como asesor le previene que requiere de una regulación robusta, por la Ley para Regular las Instituciones de Tecnología Financiera. Uno de los asesores ha propuesto que la capitalización se realice por etapas, hasta llegar a la regulación debida. Primero que nada, requieren los montos y los asesores necesarios para ello. Le indican a usted que ya cuentan con 40 millones de pesos, pero como asesor previene que dicha cantidad sigue siendo insuficiente. Ante esta situación, la empresa señala a cuatro socios estratégicos a los que denomina "Business angels", quienes tienen la intención de invertir solo por un tiempo determinado para impulsar a la FinTech en comento. No hay un acuerdo respecto de su darles acciones o celebrar contratos de inversión con los referidos Business Angels, por lo que usted pone en la mesa la posibilidad de realizar la inversión a través de un FICAP. A usted le corresponde la estrategia legal.

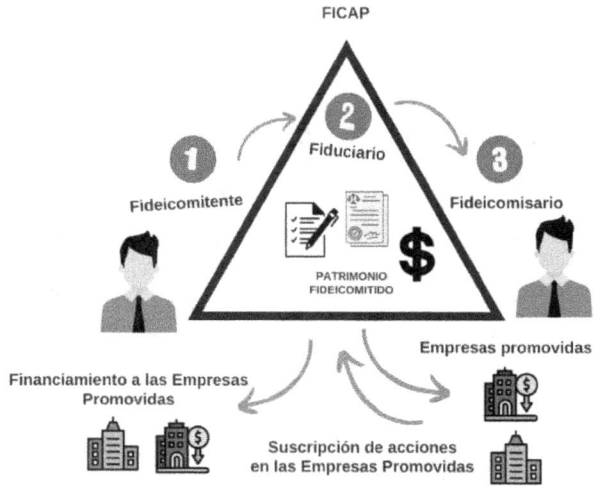

Ilustración 7 - FICAP

C. Fideicomiso Inmobiliario

Un fideicomiso inmobiliario sigue exactamente las mismas bases que cualquier fideicomiso. Las partes son las mismas y tiene los mismos componentes que vimos en el primer capítulo, por lo que no se pretende hacer repeticiones innecesarias.

Lo trascendente en este nuevo rubro es hacer constar la importancia que pueden tener algunas cuestiones particulares, como el derecho agrario. En la práctica es común encontrar pretensiones de fideicomiso donde las partes intentan aportar tierras ejidales a un fideicomiso, lo que es jurídicamente imposible. El asesor debe tomar en cuenta lo establecido por los artículos 23 fracción IX y 75 y 83 de la Ley Agraria (LA). En estos casos será indispensable que, antes de realizar aportación alguna a un fideicomiso de dicho tipo de tierras, primero deben cambiar su régimen a Dominio Pleno, con las formalidades de la LA.

Otro aspecto importante es tomar en cuenta la LNED y también la Ley de Extinción de Dominio para la Ciudad de México (y las demás leyes locales). Quienes queden en posesión de los inmuebles, para estos efectos, no podrán enajenar o gravar los inmuebles a su cargo y estarán obligados a las disposiciones legales aplicables, en cuyas limitaciones entra el fideicomiso.

Nada impide que un bien inmueble fideicomitido sea susceptible de un proceso ante la autoridad judicial sobre extinción de dominio. La acción de extinción de dominio procede sobre aquellos bienes (inmuebles también) de carácter patrimonial cuya legítima procedencia no pueda acreditarse, en particular, bienes que sean instrumento, objeto o producto de los hechos ilícitos, sin perjuicio del lugar de su realización.

Esta obra no pretende profundizar sobre el aspecto de extinción de dominio; sin embargo, el asesor debe considerar que diversas disposiciones de la LNED fueron declaradas inválidas por la Suprema Corte de Justicia de la Nación, mediante Acción de Inconstitucionalidad notificada para efectos legales el 22 de junio de 2021 y publicada en el Diario Oficial de la Federación el 6 de enero de 2022. El rubro "Legítima Procedencia" significa el origen o la obtención lícita de los bienes de alguna persona física o moral; sin embargo, también significaba el uso o destino lícito de los bienes vinculados al hecho ilícito (los delitos del párrafo cuarto del artículo 22 constitucional), lo que fue declarado inválido en la referida fecha.

El fideicomiso cuyo objeto recaiga en bienes inmuebles, deberá inscribirse en la Sección de la Propiedad del Registro Público del lugar en que los bienes estén ubicados. El fideicomiso surtirá efectos contra tercero desde la fecha de inscripción en el referido registro. Cabe resaltar que esta misma regla opera tanto para la aportación de inmuebles al fideicomiso, como para la reversión de los citados bienes, tomando en cuenta lo dicho para el caso de que el fideicomitente sea el mismo que el fideicomisario.

Fideicomiso de Inversión en Bienes Raíces

Las denominadas FIBRAS son fideicomisos de alta rentabilidad. Las FIBRAS son de los fideicomisos más robustos que existen en México y son una especie de emulación de los *REITS* estadounidenses (Real Estate Investment Trust). Vale la pena adelantar que las FIBRAS están reguladas en dos artículos de la LISR (artículos 187 y 188), debido a los beneficios fiscales que proporcionan este tipo de instrumentos o vehículos financieros. Si bien en el referido artículo 187 se prevé la cuestión mercantil, también es verdad que en el siguiente artículo se encuentra su régimen fiscal. Considramos que el contenido del artículo 187 debería estar en la LGOTC y el 188 debería quedarse en la LISR.

El asesor se preguntará: ¿Por qué ocurrió esto? La razón es que el 30 de diciembre de 2005 se promulgó y publicó la "nueva" LMV, que contenía las entonces novedosas empresas del mercado de valores (SAB y SAPIB). Para el 23 de diciembre de 2005 se habían publicado las reformas a la entonces vigente LISR de 2002, que ya contemplaba fideicomisos "para fomentar el mercado inmobiliario" en México, mismos que contenían disposiciones parecidas a las actuales FIBRAS, pero con algunas diferencias, máxime que no se les denominaban de esa manera y la fiduciaria tenía entonces que **distribuir** a los tenedores de los certificados de participación, dentro de los dos meses siguientes al término del ejercicio, cuando menos y a cuenta del resultado fiscal del mismo ejercicio, determinado en los términos del Título II de esa LISR, la cantidad que resultara de aplicar a dicho resultado, la tasa del 28%.

Posteriormente, hasta el 27 de diciembre de 2006 se le dio a este tipo de fideicomisos un tratamiento más parecido al actual, con la novedad de que la fiduciaria ya distribuía entre los tenedores de los certificados de participación, cuando menos una vez al año, a más tardar el 15 de marzo, al menos el **95%** del resultado fiscal del ejercicio inmediato anterior generado por los bienes integrantes del patrimonio del fideicomiso. Esta novedad de distribuir el 95% del resultado fiscal fue lo que tuvo que ver con la "nueva" LMV de 2005, pues el legislador necesitaba crear algún vehículo que pudiera cotizar en bolsa, pero que tuviera un gran beneficio fiscal similar al presentan las *S-Corporations* en Estados Unidos; es decir, empresas que no pagaran impuestos federales, pero sus accionistas sí.

El legislador mexicano si bien no se animó a abrir la posibilidad de que en México hubiera empresas que no tributaran por este tipo de impuestos, más que por lo que hace a sus socios o accionistas, por otro lado, es cierto que sí lo permitió vía fideicomiso (lo que representa un atraso y un desatino del legislador, a juicio del suscrito).

Este tipo de empresas en los Estados Unidos (las *S-Corporations*) optan por pasar los ingresos, pérdidas, deducciones y créditos comerciales a través de sus accionistas para los propósitos del impuesto federal. Los accionistas de las sociedades anónimas de tipo S declaran el flujo de ingresos y pérdidas en sus declaraciones de impuestos personales y se les imponen los impuestos a las tasas impositivas sobre sus ingresos personales. Esto permite a las sociedades anónimas de tipo S evitar el doble impuesto sobre los ingresos de la sociedad anónima.

Las empresas del tipo *S-Corporations* tienen otras limitaciones, como solo tener accionistas personas físicas o fideicomisos; no más de 100 accionistas; ni pueden tener accionistas extranjeros no residentes en los Estados Unidos de América, entre otras. Lo más parecido que tenemos en México a las *S-Corporations* son las FIBRAS. Para lo anterior remito al lector a la siguiente fuente como referencia y efectos de comparación:

Las *S-Corporations* son una grande creación del legislador estadounidense que, lamentablemente, no encuentra un símil en el derecho mexicano para efectos empresariales, sino solo para fideicomisos (FIBRAS). La idea original era que en México también existieran empresas que cotizaran en bolsa con los beneficios fiscales que tienen las FIBRAS, los *REITS* y las *S-Corporations*; sin embargo, la misión fracasó. Finalmente, hasta 2010 se reestructuraron los capítulos de la LISR y no fue sino hasta 2011 que se creó la primera FIBRA como actualmente las conocemos, salvo por el hecho de que antes podían no cotizar en bolsa, supuesto que se suprimió en 2020.

Ahora bien, actualmente la FIBRA se regula en los artículos 187 y 188 de la vigente LISR como ha quedado dicho. El concepto esencial de las FIBRAS es que, con el propósito de fomentar la inversión inmobiliaria en el país, tengan el tratamiento fiscal establecido en el artículo 188 de la LISR los fideicomisos que se dediquen a la adquisición o construcción de bienes inmuebles que se destinen al arrendamiento o a la adquisición del derecho a percibir ingresos provenientes del arrendamiento de dichos bienes, así como a otorgar financiamiento para esos fines, cuando se cumplan los requisitos siguientes:

1. Que el fideicomiso se haya constituido o se constituya de conformidad con las leyes mexicanas y la fiduciaria sea una institución de crédito o casa de bolsa residente en México autorizada para actuar como tal en el país: Esto significa que el fideicomiso debe crearse con base en la LGTOC y la LISR. Adicionalmente, para ser banco o casa de bolsa deben estar autorizadas en términos de sus propias leyes, por lo que tal requisito es redundante.

2. Que el fin primordial del fideicomiso sea la adquisición o construcción de bienes inmuebles que se destinen al arrendamiento o la adquisición del derecho a percibir ingresos provenientes del arrendamiento de dichos bienes, así como otorgar financiamiento para esos fines con garantía hipotecaria de los bienes arrendados: Como el lector ya conoce, el fin del fideicomiso debe estar redactado de forma cuidadosa, por lo que tratándose de FIBRAS deben prácticamente copiar y pegar este párrafo de la LISR. Existen FIBRAS que tienen como política solamente adquirir inmuebles o solo construir inmuebles; sin embargo, sus fines deben redactarse en términos de lo descrito.

El propósito de esos inmuebles debe ser, necesariamente, destinarlos al arrendamiento. Las FIBRAS no son para vender inmuebles, sino para arrendarlos, como puede ser plazas comerciales, hoteles, bodegas, departamentos, casas habitación, condominios, oficinas, etcétera. Las FIBRAS obtienen sus ingresos, fundamentalmente, de dichos arrendamientos, pero también pueden otorgar financiamientos (créditos) para lograr dichos fines, dando en hipoteca los bienes que, a su vez, destinan al arrendamiento.

Quizá algo negativo es que las FIBRAS tienen estas limitaciones, por lo que puede costar trabajo a los asesores encuadrar determinadas actividades en las FIBRAS, ya que no pueden dedicarse "a lo que sea". Ante ese escenario es conveniente contratar los servicios de varios administradores para que realicen las actividades que la FIBRA, propiamente, no puede hacer por la limitación en la LISR.

3. Que al menos el 70% del patrimonio del fideicomiso esté invertido en los bienes inmuebles, los derechos o créditos a los que se refiere la fracción anterior y el remanente se invierta en valores a cargo del Gobierno Federal inscritos en el Registro Nacional de Valores o en acciones de fondos de inversión en instrumentos de deuda: Esto implica que el Comité de Auditorías y/o el Auditor Externo juegan papeles trascendentales en las FIBRAS, pues como puede apreciar el lector, el 70% del patrimonio del fideicomiso debe estar invertido en los bienes inmuebles (no que el 70% sean inmuebles, sino que esté invertido en inmuebles), así como derechos o créditos referidos. El responsable de determinar ese porcentaje son las citadas instancias (Comité y Auditor). El 30% restante debe invertirse en bolsa; es decir, que la FIBRA debe invertir en deuda bursátil.

4. Que los bienes inmuebles que se construyan o adquieran se destinen al arrendamiento y no se enajenen antes de haber transcurrido al menos cuatro años contados a partir de la terminación de su construcción o de su adquisición, respectivamente. Los bienes inmuebles que se enajenen antes de cumplirse dicho plazo no tendrán el tratamiento fiscal preferencial establecido en el artículo 188 de la LISR: Es muy importante que los bienes del fideicomiso

no se enajenen en cuatro años, pues ello implica perder el régimen fiscal de FIBRA. Dicha situación implicaría la pérdida total de la razón de ser de este tipo de fideicomisos, pues lo más atractivo para los empresarios creadores de la FIBRA son los incentivos fiscales.

5. <u>Que la fiduciaria emita certificados de participación por los bienes que integren el patrimonio del fideicomiso y que dichos certificados se coloquen en el país entre el gran público inversionista:</u> Aquí está la razón por la que sostenemos que todas las FIBRAS deben cotizar en bolsa (lo cual incrementa notablemente sus costos y asesorías), pues el 9 de diciembre de 2019 se modificó este rubro que admitía la posibilidad de que las FIBRAS no cotizaran en bolsa; eran una especie de FIBRAS "privadas". Ante la simulación de actos para defraudación fiscal, el legislador optó por derogar la disposición que permitía las FIBRAS privadas. Dicha reforma entró en vigor en 2020.

Tal y como puede apreciar el lector, la fiduciaria de una FIBRA debe emitir certificados de participación. Este tipo de certificados se denominan "Certificados Bursátiles Fiduciarios Inmobiliarios" (CBFI o CBFIs), que no son otra cosa que Certificados de Participación bursatilizados y referidos a inmuebles.

6. <u>Que la fiduciaria distribuya entre los tenedores de los certificados de participación cuando menos una vez al año, a más tardar el 15 de marzo, al menos el 95% del resultado fiscal del ejercicio inmediato anterior generado por los bienes integrantes del patrimonio del fideicomiso:</u> Cuando el gran público inversionista (clientes de casas de bolsa) decide invertir su dinero en FIBRAS tendrá la certeza jurídica de que, al menos anualmente, se distribuirá entre ellos el 95% de la utilidad fiscal.

Lo anterior resulta un gran atractivo para el inversionista, pues existen FIBRAS que distribuyen utilidades a sus inversionistas de manera trimestral o semestral, inclusive, dependiendo de su prospecto de colocación.

Nuevamente, el lector puede apreciar claramente la importancia del AEI en este tipo de fideicomisos, pues es quien se encarga de auditar contable, fiscal y financieramente las cuentas de la FIBRA, lo que tiene un impacto directo en el retorno de inversión e intereses en favor del gran público inversionista. Esto implica una responsabilidad muy grande en términos legales.

7. <u>Que cuando la fiduciaria estipule en los contratos o convenios de arrendamiento que para determinar el monto de las contraprestaciones se incluyan montos variables o referidos a porcentajes, excepto en los casos en que la contraprestación se determine en función de un porcentaje fijo de las ventas del arrendatario, estos conceptos no podrán exceder del 5% del monto total de los ingresos anuales por concepto de rentas del fideicomiso:</u> Las FIBRAS, al dedicarse al arrendamiento de bienes inmuebles, deben celebrar contratos de arrendamiento entre la fiduciaria, actuando en el fideicomiso concreto, y el arrendatario correspondiente. La renta (contraprestación) de dichos contratos pueden ser variables y vía porcentajes, pero con la limitación que ahí se indica.

Ejemplifiquemos lo anterior: Una FIBRA quiere rentarle un espacio a una tienda departamental al sur de la Ciudad de México. La renta de tres pisos en una plaza comercial puede implicar una onerosidad considerable, pues debido al mercado y a la plusvalía no cualquier empresa estaría en posibilidades de pagar tal contraprestación. Ante ello, la FIBRA opta por fijar la renta en función de un porcentaje para los locales comerciales, lo que se vuelve una práctica relativamente común, dependiendo del coste de cada proyecto. Por ejemplo: En una plaza comercial de lujo, una FIBRA puede establecer en el contrato de arrendamiento que la contraprestación consista en el 5.0% del monto de los derechos de arrendamiento, cuota de admisión, prima, guante (key money), honorarios por la entrada; más de tres meses de renta base que deba pagar el arrendamiento, etcétera. La duración suele ser indefinida en este tipo de arrendamientos. Como puede apreciar el lector, las FIBRAS celebran contratos de arrendamiento con una alta onerosidad. Adicionalmente, las contraprestaciones pueden ser negociadas, incluso, dependiendo de si son tiendas, oficinas, etcétera.

Toda esta información que ha quedado debidamente descrita se puede ver en el Prospecto de Colocación de la FIBRA.

8. Que se encuentre inscrito en el Registro de Fideicomisos dedicados a la adquisición o construcción de inmuebles, de conformidad con las reglas que al efecto expida el Servicio de Administración Tributaria: Efectivamente, el SAT tiene un registro de FIBRAS que debe obtenerse por parte de los asesores de las partes y por ello es fundamental cuidar la redacción del contrato.

9. Que la fiduciaria presente a más tardar el 15 de febrero de cada año información detallada, tanto del fideicomiso, como de las partes.

Respecto de los atractivos fiscales, se pueden citar de manera enunciativa los siguientes:

1. No se tiene la obligación de realizar los pagos provisionales del impuesto sobre la renta a los que se refiere el artículo 14 de la LISR.

2. Cuando los CPF estén colocados entre el gran público inversionista (que en una FIBRA, siempre será así) y se enajenen a través de mercados reconocidos, estarán exentos del pago del impuesto sobre la renta los residentes en el extranjero que no tengan establecimiento

permanente en el país y las personas físicas residentes en México, por la ganancia que obtengan en la enajenación de dichos certificados que realicen a través de esos mercados.

3. Las personas que, actuando como fideicomitentes aporten bienes inmuebles al fideicomiso y reciban certificados de participación por el valor total o parcial de dichos bienes, podrán diferir el pago del impuesto sobre la renta causado por la ganancia obtenida en la enajenación de esos bienes, realizada en la aportación que realicen al fideicomiso, que corresponda a cada uno de los certificados de participación que reciban por los mismos hasta el momento en que enajenen cada uno de dichos certificados, actualizando el monto del impuesto causado correspondiente a cada certificado que se enajene por el periodo comprendido desde el mes de la aportación de los bienes inmuebles al fideicomiso hasta el mes en que se enajenen los certificados.

4. Cuando los fideicomitentes aporten bienes inmuebles al fideicomiso que sean arrendados de inmediato a dichos fideicomitentes *(Sale & Lease Back)* por el fiduciario, podrán diferir el pago del impuesto sobre la renta causado por la ganancia obtenida en la enajenación de los bienes hasta el momento en que termine el contrato de arrendamiento, siempre y cuando no tenga un plazo mayor a diez años, o el momento en que el fiduciario enajene los bienes inmuebles aportados, lo que suceda primero.

Al terminarse el contrato de arrendamiento o enajenarse los bienes inmuebles por el fiduciario se pagará el impuesto causado por la ganancia que resulte de aplicar la tasa del artículo 9 de la LISR al monto actualizado de dicha ganancia por el periodo transcurrido desde el mes en que se aportaron los bienes al fideicomiso hasta el mes en que se termine el contrato de arrendamiento o se enajenen los bienes por el fiduciario. Es importante resaltar que esta figura conocida como *Sale & Lease Back* no solamente se presenta en las FIBRAS, sino en la práctica comercial en general.

En congruencia con lo anteriormente dicho, esta obra no pretende agotar los aspectos fiscales, pues se trata de un estudio de elementos legales fundamentalmente. Para efectos de consulta, el lector puede remitirse al sitio de AMEFIBRA para verificar los datos más importantes de las FIBRAS en México:

Caso Práctico 6:

Tres empresas con una amplia experiencia en el ramo inmobiliario le indican a usted como asesor que están interesadas en el concepto de FIBRA. Se dicen enteradas de que ello requiere un nivel muy alto de capitalización, por lo que requieren de todo un panorama legal y fiscal de lo que ello implicaría. No cuentan con experiencia en el ramo bursátil, pero tienen en puerta un proyecto de una plaza comercial en Los Cabos y requieren financiamiento del público.

Usted debe poner de manifiesto todos los puntos que deben considerar, incluyendo los aspectos mercantiles, bursátiles, PLD y fiscales.

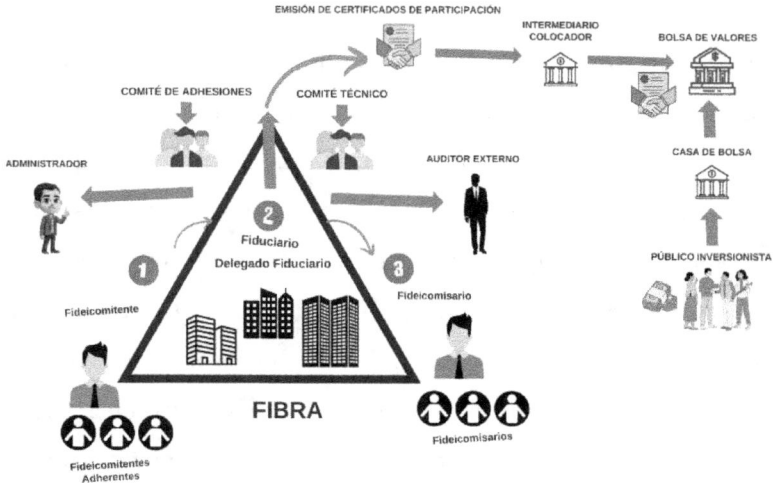

Ilustración 8 - FIBRA

D. Fideicomiso de Garantía

Este tipo de fideicomisos están regulados en la LGTOC, de su artículo 395 al 407. Contienen disposiciones especiales que, si bien sufrieron reformas en 2014, también es cierto que no establecen cuestiones muy diferentes a la lógica que sigue cualquier fideicomiso. Todo fideicomiso funciona exactamente de la misma manera; lo que cambia son los fines y algunas cuestiones regulatorias. El contrato de fideicomiso de garantía será válido desde su constitución y la nulidad de alguna de sus cláusulas por contravenciones a lo dispuesto en la LGTOC no produce la nulidad del fideicomiso completo.

En el fideicomiso de garantía el deudor suele ser el fideicomitente. Por su parte, el fiduciario será fiduciario y fideicomisario en primer lugar (al mismo tiempo), en el caso de que también sea acreedor del fideicomitente. Sin perjuicio de lo anterior, también puede ser que el fideicomitente sea el deudor y el fiduciario opere el fideicomiso como tal, mientras que el fideicomisario en primer lugar sea un acreedor, distinto al fiduciario.

Como ejemplo podemos decir que, si Juan debe un millón de pesos al banco, éste puede solicitarle garantía fiduciaria sobre su casa que vale dos millones de pesos. En este caso, Juan será el fideicomitente aportando la casa, el banco será el fiduciario y el fideicomisario en primer lugar, al mismo tiempo. Si Juan incumple con el crédito o préstamo, entonces se activará el fideicomiso de garantía, se ejecutará el mismo y se cobrará el banco.

Otro ejemplo podría ser que Juan debe un millón a Pedro, quien le solicita garantía fiduciaria. Deciden ir con un banco para que opere un fideicomiso de garantía. En este ejemplo, Juan sería fideicomitente aportando su casa que vale dos millones, mientras que el banco sería fiduciario y Pedro sería el fideicomisario en primer lugar. La activación del fideicomiso dependerá de que Pedro le informe al fiduciario que Juan no le pagó.

Como ha quedado dicho, el fideicomiso de garantía puede ser operado por las instituciones financieras a las que se refiere el referido artículo 395 de la LGTOC, en adición a las Sociedades Financieras Populares, niveles III y IV.

El *quid* del fideicomiso de garantía radica en que asegura el pago de una obligación subyacente; es decir, garantiza el cumplimiento de una obligación principal. A diferencia de lo que ocurre tradicionalmente con los contratos de garantía, como la hipoteca, la prenda, la fianza, etcétera, en el fideicomiso de garantía la obligación principal no necesariamente consta en otro contrato, ya que un fideicomiso de esta naturaleza admite la posibilidad de que dentro de ese fideicomiso se creen las obligaciones a garantizar.

Efectivamente, un fideicomiso puede hacer constar la inversión de diversas partes (fideicomitentes y fideicomisarios), pero a la vez ser el instrumento que garantice la referida inversión. Si bien es una obligación subyacente o principal, también es verdad que consta en el mismo contrato, cuya fuente es ese mismo acuerdo de voluntades. Por ejemplo, en una operación tradicional suelen celebrarse contratos de apertura de crédito con garantía hipotecaria, donde encontramos dos contratos (crédito e hipoteca), pero pueden constar en un solo documento. Ahora, suponiendo, en el caso de un fideicomiso inmobiliario y de garantía, tendremos un solo contrato que consta en un solo documento, pero con una obligación subyacente a garantizar y otra accesoria, cuya existencia se debe a la primera.

Siguiendo la misma lógica: Cuando redactamos los contratos de fideicomiso y nos remitimos a las cláusulas de transmisión de propiedad y la relativa a los fines, es justo ahí donde hallamos el *quid* del negocio fiduciario, ya que ahí nos percataríamos de que se trata de un fideicomiso inmobiliario y de garantía. Solo hay una cláusula de transmisión, sin perjuicio de aportaciones suplementarias. ¿Serían dos contratos o uno? Lo que sí está claro es que nuestro ejemplo se encuentra redactado en un solo documento, pero lo que no resulta tan claro es si se trata de dos fideicomisos o de uno.

Lo que yo sugiero al asesor, sobre todo en estos casos, es superar las antiguas teorías del derecho civil que nos "daban" explicaciones al respecto. Lo que recomiendo es no entrar en discusiones bizantinas y abordar el ejemplo referido como una sola operación que autogenera obligaciones subyacentes para garantizar, así como sus mecanismos de garantía. Claramente, en el momento en el que las obligaciones subyacentes desaparezcan, entonces desaparecerán las necesidades de su garantía; sin embargo, ello no necesariamente significaría que el fideicomiso se extinguiera (todo dependerá de sus fines), más que por lo que hace a una garantía concreta y eso solamente en algunos casos, pues nada impediría que determinados bienes queden fideicomitidos para obligaciones que se vayan contrayendo sucesivamente.

Efectivamente, el artículo 397 de la LGTOC claramente establece que cuando así se señale, un mismo fideicomiso podrá ser utilizado para garantizar simultánea o sucesivamente diferentes obligaciones que el fideicomitente contraiga, con un mismo o distintos acreedores. El hecho de que el citado numeral indique que un mismo fideicomiso podrá ser utilizado para garantizar obligaciones que "el fideicomitente contraiga", implica que, por ejemplo, hoy podría existir una deuda de un millón de pesos y sea pagada sin necesidad de activar el fideicomiso de garantía, pero si dentro de seis meses el deudor contrajere otra deuda adicional, aunque la primera haya sido pagada, de forma sucesiva la nueva deuda podría garantizarse con ese mismo fideicomiso. Lo anterior nos lleva a concluir que, si bien el fideicomiso de garantía es un contrato accesorio[13], también es cierto que se ha discutido su naturaleza en tanto a que no implica una garantía real. Lo anterior, de acuerdo con lo establecido por Tribunales Colegiados de Circuito y la Corte:

Así también, se pronuncia el doctor Salomón Vargas, de honrosa memoria, quien sostuvo que este tipo de fideicomisos requieren de una obligación principal. (Vargas García, González Peredo, & Martínez García de León, 2013, pág. 5)

El fideicomiso de garantía requiere de un análisis comparativo frente a otros mecanismos de garantía, como los referidos anteriormente o la prenda sin transmisión de posesión, la hipoteca industrial o la prenda bursátil, para poder tomar una decisión correcta en tanto a si le conviene al cliente una garantía fiduciaria. Puede ser materia de un fideicomiso de garantía cualquier tipo de obligación. Efectivamente, el artículo 395 de la LGTOC indica que este tipo de fideicomisos operan para el caso de pactar como fin el garantizar

---

[13] Así el amparo en revisión 553/2019 resuelto por la primera sala de la Suprema Corte de Justicia de la Nación, por la ponencia del ministro Jorge Mario Pardo Rebolledo, página 6 en su versión digital. Consultar Código QR.

al fideicomisario el cumplimiento de una obligación y su preferencia en el pago. Al citado precepto vale la pena aplicarle el principio que establece que donde la ley no distingue, no ha lugar a hacer distinción alguna, por lo que son susceptibles de ser garantizadas obligaciones de carácter mercantil, civil, laboral, administrativo, penal y cualquier otra que no prohíba la ley expresamente o sea contrario a su naturaleza. Como se comentó capítulos antes, el fideicomiso de garantía sirve para garantizar obligaciones de carácter penal, como lo indica el CNPP.

En la práctica es común que se argumente que el fideicomiso de garantía únicamente resulta aplicable para garantizar obligaciones mercantiles, como las derivadas de un contrato de apertura de crédito; sin embargo, no existe fundamento, ni argumento lógico alguno para afirmar tal cosa.

Las fiduciarias que operen como tales un fideicomiso de garantía, pueden reunir la calidad de fiduciarias y de fideicomisarias al mismo tiempo, tratándose de fideicomisos cuyo fin sea garantizar obligaciones a su favor o de un tercero.

Es importante establece que, cuando ocurre que un fiduciario es acreedor en una obligación determinada, pero también resulta fiduciario en el respectivo fideicomiso de garantía, goza de amplias ventajas. En efecto, no solamente se trata de que el acreedor-fiduciario tiene acción por la vía del contrato que dio origen a la obligación principal, sino que, además, del lado del fideicomiso tiene bajo su propiedad los bienes fideicomitidos y también tiene acción contra el fideicomitente-deudor, lo que lo coloca en una notable ventaja.

Para diluir este obvio conflicto de intereses, el legislador ha propuesto dos cosas, una obligatoria y una optativa:

1. Convenir los términos y condiciones para dirimir posibles conflictos de intereses (obligatorio)

2. Nombrar un ejecutor o instructor, que podrá ser una institución fiduciaria o cualquier tercero, a fin de que determine el cumplimiento o incumplimiento del contrato para el sólo efecto de iniciar el procedimiento de ejecución y para que cumpla los fines del fideicomiso en lo que respecta a la realización y aplicación de la garantía, a partir de que se considere incumplida la obligación garantizada.

Como puede apreciar el lector, encontramos dos diferentes disposiciones en la LGTOC, que apuntan hacia la dilución de conflictos de intereses o de agencia. Abordemos cada uno por separado.

El primer punto es obligatorio y hace referencia a realizar estipulaciones (cláusulas) para dirimir posibles conflictos de intereses. Estos conflictos de intereses pueden presentarse en diversos ámbitos, pasando desde en la aplicación de la garantía; el seguimiento de instrucciones; ejecución de la garantía, etcétera.

Los mecanismos más convenientes en estos casos pueden ser la mediación, revelación de información, transparencia, delegación de funciones o cláusulas donde se establezcan mecanismos de salida para las partes conflictuadas, bajo determinadas sanciones o alternativas. Otro mecanismo que puede funcionar, pero que puede resultar costoso, es el arbitraje.

Es importante decir también que la Circular 1/2005 de Banco de México establece algunas disposiciones relativas regulatorias que el asesor no debe dejar pasar.

El segundo supuesto es optativo y se refiere a la figura del Tercero Ejecutor o de fiduciario en segundo lugar. Dicho ejecutor puede actuar como fiduciario propiamente, pero también puede ser "cualquier tercero", por lo que la LGTOC bien pudo decirlo así desde un principio. "Cualquier tercero" puede ser una empresa o una persona física. En la práctica fiduciaria suele emplearse un fiduciario (institución financiera) en segundo lugar o una empresa especializada en este tipo de servicios.

El Tercero Ejecutor tiene, fundamentalmente, dos tareas:

A) Determinar el cumplimiento o incumplimiento del contrato para el sólo efecto de iniciar el procedimiento de ejecución; y

B) Para que cumpla los fines del fideicomiso en lo que respecta a la realización y aplicación de la garantía, a partir de que se considere incumplida la obligación garantizada

¿Cómo puede el Tercero Ejecutor determinar el cumplimiento o incumplimiento de contrato? ¿A qué contrato se refiere la ley? Esta es una pregunta no fácil de responder, pues pareciera que se refiere al contrato de fideicomiso mismo, porque después dice que ello es "para el solo efecto de iniciar el procedimiento de ejecución" y la ejecución solo puede ser del contrato de fideicomiso de garantía. No obstante, tampoco resulta descabellado pensar que se refiere al contrato que dio origen a la obligación subyacente a ser garantizada mediante fideicomiso, pero ello dejaría la duda de si solo pueden garantizarse obligaciones contractuales. ¿Entonces por qué el CNPP permite garantizar obligaciones penales, claramente no contractuales?

A juicio del suscrito, se refiere a un incumplimiento en la relación jurídica subyacente o principal, pues eso sería lo que detonaría la activación del fideicomiso de garantía "para el solo efecto de iniciar el procedimiento d ejecución". ¿Por qué el legislador dijo "contrato"? Seguramente se trata de una omisión legislativa.

¿Cómo se hace tal determinación de cumplimiento o incumplimiento? No hay otra manera de hacerlo formalmente, más que esperando la notificación por escrito del acreedor-fiduciario hacia el Tercero

Ejecutor. ¿Qué debería contener dicha notificación? Debe contener la relación pormenorizada y probatoria de que el fideicomitente-deudor ha cumplido o incumplido, ya que la tarea de "determinar" corresponde al Tercero Ejecutor, por lo que éste deberá hacer lo propio, pero con los elementos que le proporcione el acreedor-fiduciario. No lo podría hacer de mutuo propio, ni determinarlo sin los elementos que le proporcione el acreedor-fiduciario.

Ahora bien, su segunda tarea es precisamente iniciar el procedimiento de ejecución del fideicomiso de garantía aplicando el convenio de ejecución que al efecto se firme, o bien, de acuerdo con el artículo 1414 Bis del Código de Comercio. Para el asesor recomiendo que, si entre el fiduciario, las demás partes y el propio asesor, no existe idónea comunicación o la debida experiencia, mejor se remitan al 1414 Bis de referido código, pues elaborar un convenio de ejecución requiere de amplia experiencia profesional y práctica. Nuevamente, un error podría ser muy costoso y el contrato podría terminar en tribunales.

¿Cómo se cumplen los fines del fideicomiso "en lo que respecta a la realización y aplicación de la garantía"? La única manera de hacerlo es que, partiendo del lógico caso de incumplimiento del fideicomitente-deudor, inicie la ejecución de la garantía, se le dé audiencia a este y se saquen a remate el o los bienes. Por eso recomiendo que, si el asesor no cuenta con la debida experiencia, mejor remita en el contrato al 1414 Bis. Lo ideal, en este punto, es que el fideicomiso de garantía se pueda ejecutar extrajudicialmente para no llegar a tribunales. La ventaja que obtendrán con esto las partes es que será más rápida la ejecución y presuntivamente no habrá diferencias entre las partes; sin embargo, cuando hay controversia es necesario realizar la ejecución por la vía judicial.

En efecto, respecto de estas dos vertientes, no es necesario agotar una vía para irse a la otra, sino que las partes pueden acogerse a una u otra indistintamente. La ejecución extrajudicial evidentemente que puede genera algunos costos adicionales, como los honorarios del corredor o notario público que al efecto intervenga. Por otro lado, es importante decir que el Tercero Ejecutor es un representante legal del fiduciario, ya que el artículo 396 de la LGTOC claramente establece que ejercerá sus funciones en nombre y representación del fiduciario, pero sin sujetarse a sus instrucciones, obrando en todo momento de conformidad con lo pactado en el contrato y la legislación aplicable, y actuando con independencia e imparcialidad respecto de los intereses del fideicomitente y fideicomisario. Dicha norma es importante, aunque resulta de relevante obviedad, ya que sería imposible que el Tercero Ejecutor obrara bajo las instrucciones del acreedor-fiduciario. Ello sería ilógico y contrario a derecho.

La recomendación que se hace en esta obra es ahondar en las referidas cláusulas, pues la ley es un poco permisiva al respecto. No considero que esté mal, pues la ley no siempre debe regir los efectos de la conducta de los particulares, tratándose de relaciones entre ellos, más que en lo estrictamente necesario o por violación a normas de orden público.

Por si ello no fuera poco, la LGTOC establece una presunción *iurs tantum* (que admite prueba en contrario), que consiste en que se presume independencia e imparcialidad en el cumplimiento del contrato o ejecución de la garantía, cuando los títulos representativos del capital social, así como las compras e ingresos del último ejercicio fiscal o del que esté en curso del ejecutor o instructor, no estén vinculados con alguna de las partes del crédito garantizado en más de un diez por ciento.

Dicha disposición no es que esté mal o que sea desafortunada, sino que es limitativa y por eso recomendamos mejor ahondar en el contrato respectivo. En primera, porque parte del supuesto de que el Tercero Ejecutor es una persona moral (contrario a lo que había dicho antes el propio 396 de la LGTOC, cuando estableció que podía ser "cualquier tercero"). En caso de que no fuere persona moral, la anterior disposición resultaría inaplicable. Lo anterior se explica porque la ley dice literalmente (con énfasis añadido): "…cuando los títulos representativos del capital social, **así como** las compras e ingresos del último ejercicio fiscal o del que esté en curso del ejecutor o instructor, **no estén vinculados** con alguna de las partes del crédito garantizado en más de un diez por ciento …", de donde se entiende que Tercero Ejecutor requiere dos presupuestos: que las acciones o partes sociales de la EMPRESA, ASÍ COMO sus compras e ingresos no estén vinculados con alguna de las partes del crédito. Como puede notarse, si el Tercero Ejecutor fuere una persona física solo quedaría decir que lo anterior es inaplicable y que, solamente quizá por lo que hace a las ventas podría hacerse por analogía. Aquí entra la labor del asesor, por lo que se recomienda:

1. Negociar los términos generales del contrato y, en especial, lo relativo a la ejecución del contrato de fideicomiso de garantía

2. Pactar la naturaleza del Tercero Ejecutor (persona física o moral)

3. Establecer sus características de Tercero Ejecutor en el contrato de fideicomiso (experiencia, sector, ramo, etcétera). Este punto es muy importante para evitar objeciones en el futuro por conducto de los interesados.

4. Es recomendable que, desde la fase de la negociación, el fideicomitente-deudor proponga al Tercero (s) Ejecutor (es) y que el acreedor-fiduciario también esté en posibilidad de proponer a los mismos

5. Mandar a los anexos del contrato una lista con los posibles Terceros Ejecutores que podrían fungir como tales, a elección del acreedor-fiduciario y/o del fideicomitente-deudor. En caso de discrepancia deberá decidir el acreedor-fiduciario, pues él es el que va a cobrar por el incumplimiento del segundo.

6. Incluir cláusulas de mediación, arbitraje, amigable composición y

otros mecanismos de salida pacífica de controversias. No obstante que, el arbitraje puede implicar un litigio muy importante y profundo, puede ser recomendado cuando hay partes internacionales.

No es válido establecer en el contrato que "la fiduciaria nunca actuará en conflicto de interés, de tal suerte que así satisfaga el requisito citado en el artículo 396 de la LGTOC". Esto se indica así, pues es normal que en la práctica fiduciaria se presenten este tipo de casos. Es común que algunos fiduciarios pretendan cumplir con la obligación de convenir los términos y condiciones para dirimir posibles conflictos, diciendo que simplemente "no actuarán en conflicto de interés".

El concepto "no estar vinculado", anteriormente citado, no puede significar otra cosa más que el ser parte relacionada con alguna parte del fideicomiso. Se recomienda remitirse al artículo 2° fracción XIX de la LMV (y así redactarlo en el contrato) para fines de claridad, hasta donde acuerden las partes del fidecomiso. No considero que sea oportuno utilizar el concepto de "partes relacionadas" de las leyes fiscales, pues en este caso no estamos aplicando o interpretando para fines tributarios, sino para fines mercantiles, por lo que resulta más apropiado utilizar el concepto de "personas relacionadas" de la LMV, pero bajo el entendido de que debe pactarse en el contrato que el Tercero Ejecutor no podrá, respecto de las partes del fideicomiso, caer en los supuestos de la referida fracción.

Por otro lado, cuando el fiduciario es distinto al acreedor, las cosas funcionan de manera diferente, ya que en estos supuestos no se le presenta necesariamente la problemática que presenta el acreedor-fiduciario en términos de conflicto de interés. En este caso estamos hablando de que el acreedor es uno y el fiduciario es otro, como se ejemplificó al inicio de este capítulo.

Por lo que hace a los bienes que se dan en garantía fiduciaria, las partes bien pueden pactar desde el inicio los lugares en que deberán encontrarse los bienes muebles fideicomitidos. Nada impide que el deudor mantenga la posesión, sobre todo cuando los usa para trabajar. Asimismo, es muy conveniente obligar al fideicomitente-deudor a asegurar los bienes y ponerles un geo localizador por cuenta de él. Otra posibilidad de pacto, en tanto a los bienes, son las contraprestaciones mínimas que deberá recibir el fiduciario por la venta o transferencia de los bienes muebles fideicomitidos, situación que es muy conveniente cuando se le instruye al fiduciario vender los bienes del fideicomiso cuando el fideicomitente-deudor prevé un incumplimiento y no quiere ser ejecutado. Esto le conviene a ambas partes.

La LGTOC también autoriza a que las partes acuerden la persona o personas a las que el fiduciario, por instrucciones del fideicomitente, podrá vender o transferir dichos bienes, pudiendo, en su caso, señalar las características o categorías que permitan identificarlas, así como el destino que el fiduciario deberá dar al dinero, bienes o derechos que reciba en pago. Estos posibles adquirentes se recomienda mandarlos a un anexo del contrato.

También resulta de trascendental importancia determinar desde el contrato la información que el fideicomitente deberá entregar al fideicomisario sobre la transformación, venta o transferencia de los mencionados bienes y la forma específica de cómo valuar los mismos. Puede ser, recomendablemente, ante corredor público.

Ilustración 9 - Fideicomiso de Garantía

Ejecución del Fideicomiso de Garantía

Lo primero que hay que decir al respecto, es que el texto que contenga el convenio de enajenación extrajudicial deberá incluirse en una sección especial del fideicomiso de garantía, mismo que contará con la firma del fideicomitente, que será adicional a aquélla con que haya suscrito dicho fideicomiso, de acuerdo con el artículo 403 de la LGTOC. Esto significa que si el convenio está dentro del clausulado del contrato debe firmarse ahí mismo; es decir, en las cláusulas referidas de ejecución. La anterior es una norma un poco insensata, ya que el hecho de que se firme "en la cláusula" no garantiza que se leyó "mejor" la disposición, pues ¿Por qué no decir lo mismo de otras cláusulas igual de importantes, como la de transmisión de propiedad de los bienes al fiduciario? Es un formalismo frívolo que establece la ley, pero que el asesor no puede olvidar.

En caso de que el convenio de ejecución este fuera del clausulado, ya sea como anexo o en documento por separado, resulta obvio que también deberá firmarse.

Por todo lo anterior, es que consideramos que la norma es reiterativa e innecesaria, ya que las instituciones financieras como las fiduciarias están sujetas a normas proteccionistas del público y clientes, como las de la CONDUSEF.

En segundo lugar, hay que decir que el parámetro para el asesor es el artículo 403 de la LGTOC y el 1414 Bis del Código de Comercio, mismos a los que se puede remitir el lector. Lo importante en este rubro es:

Del procedimiento extrajudicial:

A) El presupuesto es que la obligación principal esté vencida y sea exigible; es decir, que no se pueda rehusar conforme a derecho. Debe ser un crédito cierto, líquido y exigible.

B) El procedimiento debe tener por objeto la obtención de la posesión material de los bienes por parte del fiduciario, por lo que se parte del presupuesto de que el fideicomitente-deudor es quien tiene la posesión de los mismos.

C) Garantizar la audiencia al fideicomitente-deudor, pues, aunque el fiduciario tenga la propiedad y bien podría enajenar los bienes para el cobro de la deuda garantizada, también es cierto que se le debe dar "la última oportunidad" para que pueda pagar.

D) Se hace ante corredor o notario público como si fuera una diligencia de notificación (requerimiento formal de entrega de la posesión de los bienes, que formule al deudor el fiduciario), en donde se debe buscar al fideicomitente-deudor o a su representante para que entregue la posesión de los bienes, demuestre una prórroga, quita o novación.

E) El notario o corredor deberá levantar el acta correspondiente, así como el inventario pormenorizado de los bienes. Cabe resaltar la importancia de que los bienes sean valuados, ya que la ley establece que cuando las partes no se pusieron de acuerdo en cómo valuar los bienes desde el contrato, entonces el juez debe decidir sobre ello si no hay acuerdo. Esto cobra relevancia a la hora de ejecutar la garantía, pues la valuación del, o de los bienes, determina si está cubierta la obligación principal o no.

F) El referido inventario puede ser un anexo del acta que levante el corredor o notario público. La ley no distingue respecto de si el notario o corredor debe realizar el inventario solo de los bienes que tuvo a la vista o de todos los que le informe el Tercero Ejecutor o el fiduciario. A consideración del suscrito, pueden ser ambos supuestos. Si en la diligencia tuvo a la vista determinados bienes, estos deben entrar en el inventario; sin embargo, si el fiduciario o Tercero Ejecutor además manifiesta que hay otros bienes que también forman parte de la garantía fiduciaria, nada impide que se agreguen al inventario, si así queda demostrado y acreditado.

G) Es conveniente que el fideicomitente-deudor proporcione desde el contrato a los posibles adquirentes de los bienes, en caso de ejecución, pues ello podría abreviar el procedimiento.

H) En caso contrario, deben sacarse a remate los bienes en almoneda, como lo indica el Código de Comercio, hasta hallar al mejor postor y lograr la enajenación.

I) El fedatario debe levantar un acta de remate, en la que conste lo anterior con las debidas formalidades.

J) Por último, debe celebrarse el acto jurídico traslativo de dominio a título oneroso. En caso de ser inmuebles tendrá que ser en escritura pública, con lo que para estos bienes se requiere en términos de formalidades.

Para el caso de la ejecución por la vía judicial, vale la pena hacer las siguientes precisiones:

A) El presupuesto es que la obligación principal esté vencida y sea exigible; es decir, que no se pueda rehusar conforme a derecho.

B) Significa que puede haber controversia entre las partes, ya sea que se argumente que ya se pagó la obligación principal, que no estén de acuerdo con los términos del pago, que se desconoce el mismo o cualquier otro concepto similar.

C) No interviene un fedatario público, sino la autoridad judicial

D) Se presenta la demanda acompañada del contrato de fideicomiso, así como el que dio lugar a la obligación principal, junto con la determinación del saldo que formule el actor.

E) Cuando el promovente sea una institución de crédito, anexando la certificación de saldo que corresponda, el juez bajo su más estricta responsabilidad, si encuentra que se reúnen los requisitos fijados anteriormente, en un plazo no mayor de dos días, admitirá la misma y dictará auto con efectos de mandamiento en forma para que el demandado sea requerido de pago

F) De no realizarse el pago, el propio demandado, el depositario, o quien detente la posesión, haga entrega de la posesión material al actor o a quien éste designe, de los bienes objeto de la garantía indicados en el contrato.

G) En este último caso, el actor o quien éste designe, tendrá el carácter de depositario judicial y deberá informar al juez sobre el lugar en el que permanecerán los bienes que le han sido entregados, en tanto no sean vendidos.

H) En el mismo auto mediante el cual se requiera de pago al demandado, el juez lo emplazará a juicio, en caso de que no pague o no haga entrega de la posesión material de los bienes dados en garantía al acreedor, para que dentro del término de cinco días ocurra a contestarla y a oponer, en su caso, las excepciones que se indican en el artículo 1414 bis 10 del Código de Comercio. La referida determinación de saldo podrá elaborarse a partir del último estado de cuenta que, en su caso, el deudor haya recibido y aceptado, siempre y cuando se haya pactado, o bien el acreedor esté obligado por disposición de ley a entregar estados de cuenta al deudor. Se entenderá que el deudor ha recibido y aceptado este último estado de cuenta, si no lo objeta por escrito dentro de los diez días hábiles siguientes de haberlo recibido o bien efectúa pagos parciales al acreedor con posterioridad a su recepción.

I) <u>Cuando los bienes valen igual que la obligación principal.</u> Obtenido el valor de avalúo de los bienes, que se recomienda que sea ante corredor público, cuando el valor de los bienes sea igual al monto del adeudo condenado, quedará pagado totalmente el crédito respectivo, sin corresponder en consecuencia acción o derecho alguno a la parte actora para ejercer o hacer valer con posterioridad en contra del demandado, por lo que respecta al contrato base de la acción. En este caso, el actor, podrá disponer libremente de los bienes objeto de la garantía.

J) <u>Cuando los bienes valen menos que la deuda.</u> Cuando el valor de los bienes sea menor al monto del adeudo condenado, el actor, podrá disponer libremente de los bienes objeto de la garantía y conservará las acciones que en derecho le corresponda, por la diferencia que no le haya sido pagada.

K) <u>Cuando los bienes valen más que la deuda.</u> Cuando el valor de los bienes sea mayor al monto del adeudo que aún se encuentre pendiente por arte de la parte condenada o demandada, la parte actora, según se trate y una vez deducido el crédito, los intereses y los gastos generados, entregará al demandado el remanente que corresponda por la venta de los bienes.

Respecto de la forma del fideicomiso de garantía sobre bienes muebles, cuyo monto sea igual o superior a 250,000 UDIS, debe ratificarse ante corredor o notario público y registrarse en el RUG. Cuando sea sobre bienes inmuebles debe celebrarse en escritura pública.

Caso Práctico 7:

Una empresa fondeadora de Estados Unidos ha contactado a su cliente, que es una inmobiliaria. El proyecto consiste en fondear con 500 millones de pesos un proyecto de vivienda en Chiapas para personas de escasos recursos. La empresa inmobiliaria tiene en su consorcio a otra, que es una SOFOM, cuyos clientes son personas de escasos recursos para vivienda. Ambas empresas comparten accionistas. La fondeadora de Estados Unidos pone como requisito que los recursos lleguen a México a través de un fideicomiso para dispersarlos y, a su vez, a través de dicho fideicomiso se garantice el fondeo con los derechos de cobro de la SOFOM. En primera instancia, surge la idea de que la SOFOM sea la fiduciaria; sin embargo, la empresa fondeadora decide que mejor sea un banco no relacionado a las citadas partes.

Usted deberá hacer la estructura legal de la operación, pensar en la negociación y hacer los contratos respectivos.

APARTADO MULTIMEDIA

REFLEXIONES

DOCUMENTOS Y PRACTICIDAD EN LOS FIDEICOMISOS

La materialización de los actos fiduciarios es algo muy importante; sin embargo, no menos importante resulta la planeación y el aspecto práctico de este tipo de operaciones. En el presente capítulo vamos a abordar lo que tiene que ver con la planeación y los documentos que se presentan en la práctica fiduciaria de manera enunciativa.

A. Antes del Fideicomiso

¿Qué debe considerar el asesor cuando se ve frente a una operación fiduciaria? Cuando un cliente nos presenta la posibilidad de crear un fideicomiso es muy importante que el asesor sepa hacer las preguntas correctas para poder llegar a un buen diagnóstico. Algunos de los puntos que el asesor debe preguntar al cliente, con la finalidad de depurar distintas posibilidades y prever contingencias en el futuro, son las siguientes, sin perjuicio de que puedan surgir otras durante la planeación o cierre del contrato de fideicomiso:

1. ¿Con cuánto dinero cuentan los interesados? Esto puede ser un aproximado, en función de que las partes puede que no tengan un conocimiento absoluto de lo que podrán recaudar en términos de inversión de capital de riesgo o por alguna otra vía.

2. ¿Qué experiencia tienen en el ramo los interesados? Esto es importante, pues muchas veces los interesados podrían no acoplarse a la operación fiduciaria, debido a la intervención de la institución financiera. Es muy importante estudiar el perfil de cliente con el que se cuenta.

3. ¿Cuál es el origen de los recursos? Conocer el origen de los recursos es un elemento *sine qua non* para poder incursionar en esta rama, toda vez que no solamente implica un tema de seguridad para la operación, sino que además el fideicomiso es una actividad vulnerable, en términos de la LFPIORPI, para los que se dedican a la prestación de servicios profesionales de manera independiente, sin que medie relación laboral con el cliente respectivo, en aquellos casos en los que se prepare para un cliente o se lleven a cabo en nombre y representación del cliente, vehículos corporativos, incluido el fideicomiso.

Asimismo, para notarios resulta una actividad vulnerable, tratándose de la constitución o modificación de fideicomisos traslativos de dominio o de garantía sobre inmuebles.

Por lo que hace a corredores públicos, es actividad vulnerable la constitución, modificación o cesión de derechos de fideicomiso, en los que de acuerdo con la legislación aplicable puedan actuar, sin mencionar a las instituciones financieras, quienes también tienen obligaciones en términos de identificación de clientes y de actividades vulnerables. En efecto, existen clientes que podrían no "calificar" para operaciones fiduciarias cuando estos no pueden acreditar la legítima procedencia de los recursos.

Cabe destacar que el hecho de que en ocasiones resulte complicado demostrar el origen de los recursos, ello no significa que necesariamente provengan de actividades ilícitas.

4.   ¿Qué negociaciones se han hecho entre los interesados? El punto relativo a la negociación es fundamental. Para poder llegar a un fideicomiso es básico haber tenido alguna negociación concreta, ya que es imposible pensar en una estructura tan sofisticada sin haber negociado los términos y condiciones.

Asimismo, hay que recordar que las cláusulas del Comité Técnico requieren de una amplia negociación, así como los beneficios que van a tener los fideicomisarios.

Muchas veces el fideicomiso es uno de los últimos pasos dentro de una negociación, ya que le pone punto final a los acuerdos entre las partes para poder comenzar un nuevo trayecto que definirá el destino de las inversiones. Como veremos más adelante, existen diversas maneras de documentar las negociaciones, como *Memorandum of Understanding* (MoUs), cartas de intención, *Gentlemen's Agreements* (acuerdos entre caballeros) e incluso la poco conocida Promesa de Fideicomiso.

5.   ¿Cuál es el fin último que persiguen los interesados? De la respuesta de lo anterior dependerá el rumbo que puede tomar una operación. No todo debe terminar, necesariamente, en un fideicomiso. Existen diversas maneras de estructurar un negocio presente o futuro; sin embargo, para acordar las cláusulas necesarias es indispensable tener claros los fines del fideicomiso.

6. ¿Con quién se harán los negocios? El hecho de que una operación se celebre por medio de un fideicomiso implica presuponer que los terceros interesados en ese negocio son adaptables a las condiciones necesarias del mismo. Efectivamente, existen proyectos empresariales que requieren la existencia de una o de varias empresas y no de un fideicomiso o viceversa.

7. ¿Realmente es necesario un fideicomiso? Esta pregunta va dirigida a las necesidades concretas de los interesados para crear un fideicomiso. Puede resultar costoso un fideicomiso si es que los interesados no tenían una necesidad real y tangible de una operación de tales características que podrían solucionarse con una empresa, por ejemplo.

8. ¿Se han explorado otras posibilidades? Este punto va en función de algunos fideicomisos, como el de garantía. ¿Por qué no una prenda? ¿Por qué no una hipoteca? ¿Por qué no una hipoteca industrial? ¿Por qué no fiadores u obligados solidarios?

    Es importante hacer un ejercicio de descarte para poder llegar a las necesidades reales del cliente. El fideicomiso ofrece la ventaja de transmitir la propiedad de los bienes en favor del fiduciario, pero puede tener como desventaja los honorarios fiduciarios. Puede tener como ventaja el que un fideicomiso de garantía se puede ejecutar extrajudicialmente, mientras que la hipoteca necesariamente requiere un juicio hipotecario. Por otro lado, la prenda sin transmisión de posesión también ofrece la posibilidad de ejecutarla por la vía extrajudicial.

    Otro caso puede ser el de las FIBRAS. Para incursionar en un negocio de semejante naturaleza, es necesario preguntar si el cliente tiene la base económica para poder proceder al efecto.

El hecho de crear una FIBRA para que cotice en bolsa de valores no es un negocio cualquiera, pues requiere una amplia base financiera, de recursos humanos y técnica.

En la práctica fiduciaria se utilizan distintos documentos para hacer constar todo lo que se abordó en los capítulos precedentes, por lo que es conveniente abordar algunos de ellos.

Para lo anterior, es importante decir que la habilidad del asesor debe conducir a hacer constar lo más posible que se desprenda de las reuniones previas al contrato. Por ejemplo, puede ser que antes de firmar un fideicomiso, las partes se vean en la necesidad de negociar el valor del metro cuadrado de una determinada propiedad inmobiliaria. En caso de que no se llegue a un correcto acuerdo, el fideicomiso podría coger un mal curso. Las partes podrán hacer constar en cartas de intención las ofertas de valor por metro cuadrado en una operación inmobiliaria, por ejemplo.

B. Documentos Preparatorios del Fideicomiso

Memorandum of Understanding

Cuando existe inversión extranjera es común ver determinados anglicismos, como el denominado *Memorandum of Understanding* (MoU). Los MoUs son "memorandos de entendimiento". Son documentos semiformales donde se hace constar una especie de informe con elementos relevantes a juicio de quien lo suscriba, respecto de una operación determinada. En la práctica no siempre se firman, por lo que es difícil aplicarles la regla del consentimiento entre partes. Un MoU establece la intención de las partes de cooperar entre sí en ciertos asuntos.

Este tipo de documentos se utiliza comúnmente en situaciones en las que las partes desean trabajar juntas para lograr un objetivo específico, pero no desean o no pueden comprometerse legalmente de la misma manera que lo harían con un contrato, debido a lo prematuro del proyecto que se puede encontrar en ese determinado momento.

Así, en el MoU se detallan los términos y condiciones de la cooperación, las responsabilidades de cada participante, los objetivos del acuerdo y cualquier otra información relevante. A menudo, se utiliza como un paso inicial en la negociación de un contrato más formal, como pudiera ser un fideicomiso o incluso, una promesa de fideicomiso. Aunque no tiene la misma fuerza legal que un contrato, un MoU puede ser un documento importante que plasme las bases para una relación de trabajo más formal y puede ser utilizado como referencia en futuras negociaciones.

Term Sheet

Una *Term Sheet* (TS) es un documento resumen que es utilizado en transacciones financieras, como podría considerarse a un fideicomiso, especialmente en el contexto de inversiones de capital. Es un documento preliminar que establece los términos y condiciones básicos de una inversión propuesta o de una transacción comercial. Aunque no es legalmente vinculante como un contrato, la TS es una herramienta crucial en la fase inicial de negociaciones entre las partes involucradas. Este tipo de documentos se utilizan cuando se presenta el proyecto de un fideicomiso de inversión en valores o también cuando el Comité Técnico está evaluando las instrucciones que deberá girar al fiduciario, respecto de determinadas inversiones.

No obstante lo anterior, una TS también puede versar sobre inversiones de capital de riesgo o *Venture Capital*. En estos casos también es importante citar con claridad las finalidades y causas de dicha inversión.

Cualquier TS generalmente incluye información sobre la valoración de la empresa, la estructura de la transacción, los derechos y obligaciones de las partes, las condiciones para la inversión, y otros términos importantes. Después de que las partes llegan a un acuerdo sobre los términos generales presentados en la TS, se procede a la redacción de un contrato más formal y vinculante, como un fideicomiso de inversión o su promesa.

La TS se diferencia del MoU en que este es una mera intención, es menos formal y no siempre resulta vinculante, mientras que aquella si bien tampoco es vinculante, es más detallada, más específica y técnica.

Por otro lado, la TS se presenta en etapas más avanzadas de un proyecto en general o fiduciario, mientras que el MoU se presenta en etapas muy prematuras, donde apenas se están dejando claras las intenciones de las partes. Es indispensable que el asesor ocupe estos mecanismos desde que toma el asunto.

El MoU se puede ver más en transacciones comerciales, patrimoniales o asociativas, mientras que la TS es más propia de las transacciones financieras.

Todo lo anterior no está escrito en piedra, pues recordemos que son documentos que nacen de la práctica comercial y fiduciaria, donde rige la voluntad de las partes.

Gentlemen's Agreement

Este pacto entre caballeros (GA) se refiere a un acuerdo informal entre dos o más participantes o interesados, basado en la confianza mutua, integridad y honor, en lugar de estar formalmente documentado todo en un contrato vinculante. Este tipo de acuerdo se basa en la buena fe, la amigable composición y la palabra dada entre las partes involucradas.

Aunque puede haber discusiones y compromisos verbales, no se documenta en un contrato legalmente vinculante, al igual que los anteriores.

No obstante, lo que diferencia al GA respecto del MoU o del TS, es que su eje rector es la buena fe. Los participantes confían en las buenas prácticas y presumen la legitimidad del actuar del contrario. Cabe aclarar que la palabra "contrario" no implica necesariamente "controversia", sino un interés diferente en alguna operación determinada.

No está de más aclarar que, pese a su nombre, no implica necesariamente que deba celebrarse solo entre varones, sino que nada impide que se celebre con o entre mujeres.

Los GA son comunes en diversos contextos, como negocios, relaciones internacionales y acuerdos comerciales. Sin embargo, debido a su naturaleza no formal, pueden ser más difíciles de hacer cumplir legalmente en comparación con acuerdos contractuales tradicionales. Son comunes en negocios con estadounidenses, británicos o canadienses.

Letter of Intent

La carta de intención (LOI) es muy parecida al MoU, sin embargo, podríamos decir que la LOI es previa a este. En el MoU ya existe un "entendimiento" (de ahí su nombre), mientras que en la LOI apenas estamos hablando de una mera intención, incluso, unilateral.

Este documento puede presentarse cuando alguien está interesado en un negocio determinado y plantea hacerlo a través de un fideicomiso. El susodicho emite una LOI para hacerle saber a su contrario o socio estratégico su intención, bajo el entendido de que tampoco resulta vinculante.

Incluso, si el contrario o socio se viere interesado en la propuesta vertida en la LOI, podría llegarse a un MoU para establecer que "nos vamos entendiendo", pero sin que tenga fuerza vinculante todavía. El asesor debe involucrarse desde la LOI para poder instruir a su emisor en lo que en realidad quiere obligarse, sin ir más allá de lo planeado o de lo que sus posibilidades financieras o jurídicas pudieren dar.

Framework Agreement

Este documento significa acuerdo marco. Un acuerdo marco es aquel que establece las bases de una negociación más madura. Lo anterior implica que los participantes ya cuentan con diversos antecedentes y negociaciones que lograron cerrar. Si bien es cierto que aún no conocen los detalles del negocio, también es cierto que, al menos, ya tienen las "bases" para poderlo concretar. En esta etapa las partes ya tienen una idea clara de la situación negociada, así como del proyecto determinado y solo hace falta "aterrizar los detalles".

Non-Binding Commitment Letter

Este tipo de documentos hacen referencia a Cartas Compromiso no Vinculantes (NBCL). Las NBCL se utilizan más en el terreno financiero y suelen dirigirse a prestatarios que requieren de capital por parte de un prestamista. Las NBCL pueden ser una oferta de financiamiento para una o varias empresas que buscan levantar capital de riesgo a través de un FICAP.

C. Promesa de Fideicomiso

Tratamiento por separado amerita la Promesa de Fideicomiso, pues ya se trata de un documento vinculante para las partes. La Promesa de Fideicomiso es un documento poco utilizado, por causas que el suscrito desconoce.

En efecto, su falta de uso resulta extraño, pues este tipo de acuerdo es muy importante y conveniente para "calar" y determinar la seriedad de los participantes en una operación fiduciaria.

En efecto, la Promesa de Fideicomiso ya resulta vinculante, pues da lugar al pago de daños y perjuicios, sin hacer a un lado la posibilidad de establecer cláusulas penales. Promesa de Fideicomiso significa prometer ser fideicomitente, prometer ser fideicomisario y prometer llegar a un acuerdo sobre la elección del fiduciario.

Como puede apreciar el lector, en la Promesa de Fideicomiso las partes presuponen ya la existencia previa de los documentos vistos anteriormente, pues aquí ya se plasman los puntos concretos de un MoU, un GA, la TS, la LOI, etcétera. También, a estas alturas, ya se habrá depurado la información vertida en los referidos documentos. Las negociaciones sobre costos, representantes, socios, inversiones y demás elementos deben constar en la Promesa de Fideicomiso.

El objeto de la Promesa de Fideicomiso es celebrar un contrato de fideicomiso futuro. Es una obligación de hacer, donde puede obligarse una o más partes; es decir, que sea unilateral o bilateral. No obstante, es importante decir que no siempre tiene utilidad práctica hacer una Promesa de Fideicomiso unilateral, a menos que haya una negociación muy determinada y sujeta a una condición que, hasta un momento futuro, se obligue la otra parte.

La Promesa de Fideicomiso puede ser celebrada por uno o varios fideicomitentes, así como por uno o varios fideicomisarios. En la práctica fiduciaria es difícil que el fiduciario intervenga en esta promesa por razones de permisibilidad de las normas financieras, por lo que es casi restrictivo únicamente para los fideicomitentes y fideicomisarios.

La utilidad de la Promesa de Fideicomiso es tal, que sirve para comprometer a las partes que están negociando una operación determinada y que pretenden ejecutarla a través de un fideicomiso. En caso de no existir la seriedad debida entre los participantes, es común que estos se nieguen a firmar cualquier tipo de documento o la Promesa de Fideicomiso.

Por otro lado, en caso de haberse firmado la Promesa de Fideicomiso, entonces las partes tendrán la seguridad de que, ante su incumplimiento, podrán demandarse daños y perjuicios. Respecto del plazo de la promesa, no se recomienda establecer una fecha fija, sino una temporalidad máxima. Por ejemplo: que el fideicomiso definitivo se celebrará en un plazo no mayor a seis meses y no en una fecha determinada.

¿Podrá demandarse el cumplimiento forzoso de firmar el fideicomiso, ante el incumplimiento de la Promesa de Fideicomiso? Considero que jurídicamente puede ser posible; sin embargo, si se ha detonado una controversia entre las partes desde la Promesa de Fideicomiso, no es conveniente celebrar el contrato definitivo de fideicomiso por razones obvias. Por lo tanto, pese a que es jurídicamente posible, en un fideicomiso no ocurre lo mismo que en una compraventa, donde un juez podría firmar en sustitución de la parte renuente. La diferencia es que la compraventa puede ser un contrato de ejecución instantánea que se agota con la entrega del precio y la cosa, mientras que el fideicomiso es de tracto sucesivo; es decir, que se prolonga a lo largo del tiempo. Esto significa que no es nada conveniente que el juez firme en rebeldía de un fideicomitente, a menos de que fuera un caso de orden público (por ejemplo, una Promesa de Fideicomiso para alimentos o pensiones) o que fuera un caso en el que el renuente fuera un fideicomitente sin derechos de reversión, ni de fideicomisario, pues en ese caso "aporta y se va". Lo que el juez firmaría en rebeldía si bien sería un fideicomiso, también sería la sola aportación del renuente.

Por lo que hace a, o a los fideicomisarios, el juez podría firmar en rebeldía en el caso de que fuera obligada una persona a recibir determinados beneficios únicamente.

Fuera de los citados casos resulta ilógico que, en un negocio inmobiliario, de inversión, de garantía, etcétera, las partes tuvieran "a la fuerza" a un beligerante o a un renuente en el triángulo fiduciario.

Por todo lo anterior es que resulta importante la Promesa de Fideicomiso, ya que es la forma de asegurar la seriedad de los negociadores, de las partes y demás participantes.

¿Qué debe prever el asesor en la Promesa de Fideicomiso?

1. Antecedentes: las negociaciones previas (relacionar los documentos anteriores). Incluye la negociación de los bienes del fideicomiso (maquinaria, metros cuadrados, inmuebles, etcétera)

2. Declaraciones: voluntades, situaciones, personalidades y algunas *condition precedents* (CP). Puede incluir el estudio de las partes (perfil transaccional, identificación para fines PLD, capacidad financiera, origen de los recursos, actividades y ocupaciones, documentación, etcétera)

3. Definir algunos conceptos que serán de utilidad tanto para la Promesa de Fideicomiso, como para el contrato definitivo

4. Pueden establecerse en cláusulas algunas CP. En este rubro pueden contemplarse elementos como el que las empresas fideicomitentes y fideicomisarias sean susceptibles de crédito, si es que el fideicomiso contemplará dispersar recursos por parte de un banco, un tercero o el propio fiduciario. También puede ser tener la calidad de mexicano y/o extranjero, según requiera el negocio. Las condiciones previas suelen tener importancia, pues es la calificación que requieren los participantes para celebrar la operación.

5. Definición del negocio (para establecer los fines del fideicomiso). En la Promesa de Fideicomiso los fines pueden ser parciales o previos, pues lo definitivo vendrá hasta la firma del contrato de fideicomiso en sí. Por lo tanto, es importante pactar en la Promesa de

Fideicomiso que algunos de los fines ahí citados son preliminares, mientras que otros (los más importantes) no son modificables, más que por acuerdo de las partes.

6. Coadyuvar en la elección del fiduciario. Para este efecto será necesario que se establezcan las características y ubicación del fiduciario; es decir, que de una vez se indique si el fiduciario tiene representantes en el lugar donde se ejecutará el fideicomiso; si será banco u otra institución financiera y quién va a sufragar determinados gastos (de notarios, corredores, asesores o apoderados).

7. El asesor también puede sugerir que se otorguen poderes para que se puedan realizar trámites previos al fideicomiso. Habrá otros trámites que no requerirán poder, pero dentro del rubro en general se encuentran gestiones como buscar antecedentes registrales, avisos preventivos, certificados de libertad de gravámenes, tramitar copias certificadas, etcétera.

D. Contrato de Fideicomiso

Lo relativo a la cuestión técnica del fideicomiso ya ha sido abordada. En este apartado trataremos lo que tiene que ver con elementos más prácticos. Este punto puede ser algo variante en función de la naturaleza del negocio a celebrar, pues en ocasiones es el fiduciario quien elabora el primer *draft* del contrato; en otras ocasiones pueden ser los fideicomitentes y en otras puede ser una especie de colaboración conjunta.

Existen fideicomisos muy sencillos donde casi se cae en un contrato de adhesión (lo cual no es muy ortodoxo, pues podría tener implicaciones con CONDUSEF), donde no intervienen asesores por parte del fideicomitente, sino que únicamente el banco asesora a su cliente.

Por otro lado, en fideicomisos muy elaborados o sofisticados, es necesario que los fideicomitentes, junto con sus asesores, inicien el *drafting* del contrato de fideicomiso, mismo que quedará sujeto al visto bueno de los demás. Para lo anterior, se proponen los siguientes pasos:

Primero: Concentración y depuración

Una vez que el asesor ha determinado los puntos establecidos en los documentos preparatorios, se debe poder estar en condiciones de lograr el contrato de fideicomiso. No está por de más que el asesor siempre coadyuve con todas las partes en la medida de lo posible. Debe estar centrado en los proyectos de contrato que existan y se compartan entre las partes, fiduciario y los demás participantes, como notarios o corredores públicos.

Este ejercicio de concentración y depuración sirve para poder estudiar los documentos anteriormente explicados. En este paso el asesor debe conocer perfectamente lo que quieren las partes y ya lo habrá depurado puntualmente.

Por ejemplo, de la lectura de las LOI y de los primeros MoUs, el asesor detecta que las partes requieren reservarse el derecho de reversión en determinados casos o ha detectado que descartan la colocación en bolsa de CBI, pues aún no cuentan con el capital requerido. Por otro lado, el asesor notó la intención de los contratantes de ponderar los intereses, ya que se ha desprendido del TS que habrá inversión de los recursos líquidos del fideicomiso en mercados de deuda y que poco a poco, sujeto a condiciones, se harán diferentes dispersiones de recursos. Así las cosas, resulta necesario pensar en la idea de un Comité Técnico.

Segundo: *Drafting* y Circunstanciales

Una vez depurada la información, el asesor está en condiciones de hacerse preguntas: los puntos más importantes que debe preguntarse el asesor a la hora de hacer el *drafting* del contrato de fideicomiso y que van dirigidas a determinados circunstanciales, como los siguientes:

- ¿Qué?
- ¿Quién?
- ¿Cómo?
- ¿Cuándo?
- ¿Dónde?
- ¿Para qué?
- ¿Por qué?

Los ejemplos citados únicamente son orientativos, pues llevados al caso del fideicomiso podremos encontrar diferentes variables, como las siguientes:

- ¿Quiénes serán los primeros participantes?
- ¿Quiénes ostentan el capital?
- ¿Qué intereses, en términos porcentuales, existen en la operación?
- ¿Cuándo entrará en vigor el fideicomiso?
- ¿Cuánto tiempo durará el fideicomiso?
- ¿A quién se entregarán los bienes, como fideicomisarios, en su caso?
- ¿Dónde se llevará a cabo la entrega de los bienes?
- ¿En qué jurisdicción se resolverán las disputas legales?
- ¿Hay inversión extranjera?
- ¿Cómo y según quién se realizarán las dispersiones de recursos según el contrato?
- ¿De qué manera se notificarán los cambios en las condiciones?

- ¿Cuánto se pagará como aportaciones suplementarias de los fideicomitentes?

- ¿Cuál es la cantidad mínima de aportación al fideicomiso que se solicitará, en su caso?

- ¿Es posible realizar modificaciones al fideicomiso?

- ¿No hay restricciones para la renovación de obligaciones fiduciarias?

- ¿No se permite la subcontratación según las cláusulas actuales?

- ¿Con qué frecuencia se proporcionarán informes detallados por el Comité Técnico?

- ¿A través de qué medios se llevará a cabo la comunicación oficial?

- ¿Con quién debo ponerme en contacto si surge un problema con el fiduciario o las demás partes?

- ¿Con qué otras partes está vinculado este contrato?

- ¿Para qué se utilizarán los datos proporcionados según el contrato?

- ¿Cuál es el propósito principal de las cláusulas de confidencialidad?

Este es el método más adecuado para poder redactar un contrato. En efecto, mediante el uso de preguntas circunstanciales es que el asesor puede redactar mejor su contrato.

Tercero: *Drafting and review process*

Esta parte tiene que ver con el inicio de la redacción del primer borrador (*drafting*), pero entre determinados interesados únicamente. Es lo que en la práctica corporativa se llama en "*petit comité*".

Es muy recomendable que el asesor primero considere a su, o sus clientes, antes de pasar el documento con los demás participantes, ya que pueden presentarse errores estratégicos o de entendimiento. Lo más difícil para el asesor legal casi siempre es traducir la voluntad de tantas partes a lenguaje legal, por lo que será de vital importancia que se haga un *review process* entre interesados, antes de que otra cosa ocurra.

Por ejemplo, si el asesor trabaja para los fideicomitentes adherentes, que representan inversión extranjera en un fideicomiso, lo más sano sería que el asesor se dedique al *drafting,* considerando los puntos previos y posteriormente lo traduzca (sin perjuicio de contratar a un perito traductor oficial) y lo muestre a las partes. La citada actividad puede complicarse bastante cuando los inversionistas son extranjeros y no dominan el español, por lo que este tipo de asesoría puede incrementar los costos del fideicomiso de manera importante.

Supongamos que en la referida operación tres inversionistas son franceses y cinco son estadounidenses. En este evento, habrá que tener cuidado con los tecnicismos que el asesor plasme en las traducciones.

Cuarto: Explicación del *draft*

Como se pudo intuir del punto anterior, una vez que el cliente cuenta con el *draft* del contrato, vale la pena explicarlo presencial y personalmente. Esto es porque no es lo mismo leer un documento en términos legales (se recomienda utilizar pocos tecnicismos), que realizar una sesión en vivo para poder verter las preguntas y respuestas que sean necesarias.

El asesor debe dominar varios idiomas, pues debe estar capacitado para poder atender diferentes asuntos en la práctica corporativa y fiduciaria. En caso contrario, el asesor podrá llevar intérpretes; sin embargo, ello no solo podría ser costoso, sino además impreciso para determinados efectos, sin mencionar asuntos relacionados con la confidencialidad.

Explicar a los clientes el *draft* del contrato resulta de lo más importante, pues si bien en el futuro se debe repetir el ejercicio con los demás involucrados del fideicomiso, también es cierto que, si se omite, en la siguiente reunión podrían surgir desacuerdos, dudas, titubeos y otras situaciones que podrían dejar mal parado a los participantes, incluido al asesor. El buen asesor no puede omitir "curarse en salud", ni tener el contexto de las reuniones u operaciones que se vayan celebrando.

A la fecha resulta obvio que las sesiones para poder explicar el *draft* del contrato bien podrían ser a través de plataformas como Zoom u otras parecidas, sobre todo cuando los participantes se encuentren en diferentes países; sin embargo, en la medida de lo posible, es positivo procurar la interacción uno a uno en este tipo de casos, pues la confianza y la lectura corporal de los interesados es de fundamental importancia.

Quinto: Consenso

Una vez realizado el paso anterior, lo ideal es que exista consenso entre los interesados. Es importante destacar que, a estas alturas, el asesor sigue tratando con sus clientes únicamente. En caso de ser el asesor de toda la operación, este paso se puede ejercer con todos los participantes.

Ahora bien, he dicho que "lo ideal" es lograr consenso mayoritario de lo establecido en el *draft* debido a que esto no siempre es posible, sobre todo cuando hay varios intereses en juego, pese a que todos estén "en el mismo bando". En caso contrario, lo que el asesor debe hacer es dejar de manifiesto lo acontecido en cada reunión, con los comentarios y puntualizaciones de quienes hayan hecho objeciones. El asesor no debe avanzar con las demás partes si primero no ha logrado el consenso de, al menos, la mayoría de los intereses que él representa. En ocasiones esta parte es tan compleja que, incluso, el asesor puede dejar el asunto por falta de acuerdo entre sus clientes, pero siempre bajo el entendido de que dejará prueba de lo vertido por cada individuo para no incurrir en responsabilidades legales (y morales o éticas). En el caso favorable del consenso mayoritario, entonces el asesor debe contar con la autorización de compartir el *draft* del contrato de fideicomiso con las demás partes involucradas distintas a sus clientes. Dicha autorización es ideal que conste a través de correos electrónicos o, incluso, a través de plataformas digitales o minutas.

Sexto: *Review Process* en general

Una vez que el asesor ha compartido el *draft* del contrato, se está en condiciones de glosarlo por las demás partes interesadas distintas a los clientes. Esto puede variar en función de la naturaleza de la operación, ya que el asesor, independientemente de cuál sea el negocio, nunca debe perder de vista que debe compartir lo antes posible el proyecto del contrato (*draft*) para agilizar tiempos. Lo anterior puede incluir a notarios públicos y al administrador del fideicomiso. Sería desastroso lograr consenso entre los participantes fideicomitentes y fideicomisarios, pero que el comité del fiduciario no lo aprobare, situación que también podría ocurrir con el notario que intervenga en la operación. Ello es responsabilidad del asesor de las partes.

Una vez que se ha logrado revisar y glosar por todos los interesados, incluidos clientes y no clientes, debe repetirse el proceso en términos de glosar el *draft* y hacer constar las objeciones que existieren al momento vía correo o minutas.

Séptimo: Proyecto definitivo

Una vez que el *draft* del contrato ha sido corregido y, en su caso, aumentado, es importante no pasar por alto ninguna de las precisiones que se han hecho en el mismo. En la práctica es muy común que la redacción final se encomiende a alguno de los interesados, por conducto de sus asesores. Por ejemplo, en el caso de que el proyecto ya hubiere sido revisado y comentado por todos, ahora se encomienda a los asesores de los fideicomitentes redactar la versión final del mismo.

Por su parte, el fiduciario ya solamente da el visto bueno final y aprueba, ya que fue puesto en conocimiento de todo el proceso desde el principio y también tuvo la oportunidad de glosar el proyecto (por eso se recomienda ampliamente no omitir a nadie). Lo anterior también aplica para el notario, administradores y/o auditores externos, quienes ya debieron poder dar su visto bueno en los referidos documentos.

En este punto concreto debe entrar la habilidad y experiencia del asesor, ya que puede generar situaciones negativas el hecho de "brincarse" a alguna de las partes y ello terminará generando enconos. Muchas veces ocurre que al asesor se le ocultan elementos importantes por conocer, lo cual es sumamente negativo para todos.

Un ejemplo de lo anterior es la pésima práctica de ocultar beneficiarios controladores o prestanombres a los asesores. Las causas pueden ser muy diversas; sin embargo, ello lo pone en una situación muy compleja y comprometida sobre todo a la hora de reunir información y documentación, ya que finalmente los filtros posteriores (fiduciario, registros públicos y notarios) podrán hacer objeciones y preguntas al respecto.

Una vez que fue depurado el *draft*, este debe compartirse como versión definitiva para las partes, bajo el entendido de que ya no habrá más modificaciones, salvo situaciones de extrema relevancia, fuerza mayor o acontecimientos supervenientes. En este momento, el proyecto deja de ser un *draft* y debe programarse para firma lo antes posible. A este momento se le conoce como *closing*.

Octavo: *Closing*

En la práctica corporativa es muy común utilizar este concepto para cuando es llegado el momento de "cerrar" la operación. **Cerrar no siempre es firmar.** Esto lo resalto, debido a que en muchas ocasiones el latino confunde "cierre" con "firma". En la práctica anglosajona es común ver este tipo de fenómeno, donde el cierre significa el acto en el que se logra un consenso total del acuerdo contractual y la firma se deja para un momento posterior. Es verdad que pueden ser simultáneos, pero es importante que el asesor esté preparado por si se le presenta la situación de que los clientes estén bajo el entendido de que sean actos por separado. Una vez que se habla del *closing*, no es bien visto hacer o proponer modificaciones, a menos que sean de vital y urgente necesidad.

Sería desastroso también que, una vez decretado el *closing* por las partes, el asesor propusiere al fiduciario cambios por alguna omisión en el proyecto o *draft* del contrato.

Noveno: La Firma

La firma del contrato de fideicomiso puede ser muy variada, dependiendo las formalidades a seguir. Si tiene aportación de bienes inmuebles, es natural que se celebre en la notaría o, en su defecto, en las oficinas de alguno de los participantes y, sobre todo, del fiduciario. Lo anterior es siempre y cuando las oficinas de los citados se encuentren dentro de la jurisdicción del notario o corredor, debido a que resulta ilícito que se recabe la firma de la escritura fuera de la entidad federativa correspondiente. Por ejemplo, no es lícito que se celebrara una escritura pública de aportación de inmuebles a un fideicomiso ante notario de Ciudad de México, pero que se recabaren las firmas en Naucalpan, Estado de México. Esta práctica no es recomendada, pues ante la discrepancia de los involucrados, ello podría ser filmado o documentado, para anular posteriormente el instrumento notarial. También vale la pena destacar que cuando el fideicomiso no se celebra ante notario, las formalidades son menores y suele celebrarse en las oficinas del fiduciario.

Décimo: Inicio de las operaciones

Contrario a lo que se suele pensar, la firma del contrato no es el último paso, sino que en realidad es el primero. En un fideicomiso, una vez que se logró el consenso, se cerró la operación y se firmó, entonces es posible iniciar actividades de este. Por ejemplo, se pueden hacer transferencias de recursos por parte de los fideicomitentes, así como realizar inversiones por parte del fiduciario; contratar al administrador, iniciar la edificación del desarrollo inmobiliario, etcétera.

A partir de este momento el universo fiduciario cambiará drásticamente, pues entrarán en funciones los asesores ya no en términos del diseño estructural del contrato, sino en términos de vigilar las operaciones y/o darle la forma debida; de llevar la contabilidad; la administración; de realizar las actas o minutas de las sesiones de los comités; dar opiniones legales, contables o fiscales e incluso, asistir con voz, pero sin voto, a los mismos.

E. Convenios de Adhesión al Fideicomiso

Es recomendable aplicar, en lo conducente, los diez pasos anteriores para cada documento formal que exista en el fideicomiso. En algunos casos dichos pasos podrán reducirse, en términos de funcionalidad, pero nunca dejando de lado los intereses de las partes. Por ejemplo, para un convenio de adhesión hay que revisar muy bien en el contrato quiénes son los facultados para admitir o inadmitir nuevos fideicomitentes, lo que podría legítimamente excluir a determinados candidatos. Dicha tarea es fundamental para no afectar de nulidad al referido convenio.

Convenio de Adhesión significa el pacto o acuerdo por el que uno o diversos fideicomitentes se suman al fideicomiso, lo que trae aparejada una aportación determinada (a veces, simbólica). Existen ocasiones en los que se admiten nuevos fideicomitentes con aportaciones desde uno o mil pesos. Lo anterior hace que los Convenios de Adhesión obvien el Convenio de Aportación a un fideicomiso determinado, pues todo depende de las cláusulas del contrato original del fideicomiso. Incluso, puede utilizarse el concepto de "aportaciones suplementarias", ya sea de los fideicomitentes originales o fundadores, como de los adherentes. Dicho convenio celebra entre los Fideicomitentes Adherentes y el Fiduciario, a reserva de lo que diga el contrato.

Es importante que el asesor haga constar los debidos antecedentes y las correspondientes declaraciones en los convenios de adhesión. Cada caso será diferente, pero la lógica indica que quien lea ese convenio deberá tener perfectamente claro el origen y la razón de ser de ese convenio. Es decir, los antecedentes deben citar, al menos, el contrato de fideicomiso, las negociaciones, los documentos anteriormente firmados, etcétera, bajo el entendido que podrá variar dependiendo de la naturaleza de los fideicomitentes adherentes (personas físicas o morales), así como de los bienes (muebles, inmuebles, tangibles, intangibles).

Como se ha indicado, los convenios de adhesión deben expresar con toda claridad el motivo y la voluntad de adherirse al fideicomiso específico, mediante la aportación que se puede documentar ahí mismo o en documento por separado, como podría ocurrir en el caso de un inmueble.

Es importante hacer coincidir las cláusulas más importantes del fideicomiso con los convenios de adhesión, pues sería negativo que el convenio estableciera una jurisdicción en Nueva York, mientras que el contrato de fideicomiso remitiera la jurisdicción a Ciudad de México. Lo anterior podría ocurrir solamente por casos muy específicos, pero en la mayoría de las veces se presenta por error.

Otro elemento muy importante es que el adherente conozca y entienda las cláusulas (con énfasis en los fines) del fideicomiso, ya que eso puede hacer variar las condiciones del convenio. Es en este punto en el que el asesor debe ser muy puntual para el caso de la reversión de propiedad. ¿Qué pasaría si en un convenio de adhesión se solicitaran derechos de reversión, pero el contrato de fideicomiso no previere tal situación? ¿Qué ocurriría si el convenio tuviere una cláusula contradictoria con el contrato de fideicomiso? La respuesta más pragmática que podemos dar es que, desde el contrato de fideicomiso, se estableciera que los fideicomitentes adherentes podrán hacer reserva de reversión de propiedad en cada convenio para hacer compatibles los documentos, pero en caso de que no hubiere sido acordado así desde un inicio, entonces podría haber falta de consenso: que los fideicomitentes y fideicomisarios argumentaran que todo lo que se aporte sea sin derechos de reversión, pero el adherente esté exigiendo reversión para efectos fiscales. ¿Qué hacer? Lo más conveniente es negociar con las partes, pero acorde al contrato de fideicomiso. En todo caso, podría hacerse una excepción atendiendo a la naturaleza del negocio e incluso hacer un convenio modificatorio. Es conveniente que, si se desean conservar los derechos de reversión por parte de los fideicomitentes, se haga mención expresa de ello en el contrato, así como de qué ocurriría para los adherentes. Lo anterior es debido a la redacción del artículo 14 del CFF, que indica que la reversión opera "si se hubiera reservado tal derecho". Por ello, la recomendación para el asesor es que, desde el contrato original de fideicomiso, sugiera la cláusula en los siguientes términos, en caso de que así lo decidan:

CON O SIN DERECHOS DE REVERSIÓN PARA LOS ADHERENTES

"Los Fideicomitentes Fundadores se reservan expresamente el derecho de readquirir del fiduciario los bienes aportados por virtud del presente fideicomiso. Por lo que hace a los Fideicomitentes Adherentes, se estará a lo que expresamente se acuerde en los respectivos convenios de adhesión, por virtud de los cuales se adhieran al presente contrato, quienes tendrán facultad de reservarse o no tal derecho en el respectivo convenio de adhesión."

SIN DERECHOS DE REVERSIÓN RESPECTO DE LOS INMUEBLES DE LOS ADHERENTES

"Los Fideicomitentes Fundadores se reservan expresamente el derecho de readquirir del fiduciario los bienes aportados, por virtud del presente fideicomiso. Por lo que hace a los Fideicomitentes Adherentes, estos no podrán ejercer el derecho de reversión de los bienes que aporten al fideicomiso, si se tratare de inmuebles y en esos términos se estará en los respectivos convenios de adhesión, por virtud de los cuales dichos fideicomitentes adherentes se adhieran al presente contrato. Por lo que hace a los bienes muebles que aporten los fideicomitentes adherentes, será el Comité de Adhesiones quien determinará la pertinencia o no de autorizar el derecho de reversión respecto de los referidos bienes, debiéndose establecer la resolución del citado comité en el convenio de adhesión que corresponda."

F. Constancias de Aportación

Respecto de las Constancias de Aportación lo que podemos decir es que siguen la suerte de los Convenios de Adhesión o de los Convenios de Aportación. Es importante evitar, en la medida de lo posible, demasiada papelería. Como puede apreciar el lector, al adherirse un nuevo fideicomitente al fideicomiso, necesita hacer una aportación para tener tal carácter, de donde inferimos que el Convenio de Adhesión trae aparejado el convenio de aportación o su debida constancia. En algunos casos el convenio de aportación hará las veces de constancia de aportación, máxime si se trata de bienes inmuebles, pues en estos casos la escritura pública surte todos esos efectos de aportación.

Hay que poner especial atención en cómo redactamos el contrato de fideicomiso, pues ahí está la clave para que un convenio de adhesión tenga, a su vez, las cláusulas específicas de aportación de bienes determinados y también sea la constancia que tenga el fideicomitente adherente.

Las referidas constancias de aportación se utilizan para documentar que algún fideicomitente, ya siendo fideicomitente, realizó una nueva aportación. Por ejemplo, si un Fideicomitente Fundador originalmente hizo una aportación de un millón de pesos, pero por contrato está obligado a hacer aportaciones suplementarias en dinero cada semestre, entonces se le puede extender una constancia de dicha aportación suplementaria. Esto opera para el caso de que uno o varios de los fideicomitentes ya tengan dicho carácter, pues ahí no procedería el Convenio de Adhesión y quizá un convenio de aportación no sería necesario, pues lo "convenido" en términos de aportaciones suplementarias ya existiría desde el contrato original.

La línea puede ser muy tenue a la hora de hacer este tipo de documentos, pues ¿Hasta qué punto un convenio de adhesión, constancia o convenio de aportación podría contrariar al contrato de fideicomiso? ¿Qué sería "contrariar"? Anteriormente ejemplificamos casos donde el contrato original de fideicomiso remite a los referidos convenios determinadas posibilidades, lo que abre la puerta a muchas cosas. Eso queda a prudencia del asesor, pero siendo ortodoxos hay que procurar que todo esté pactado desde el contrato de fideicomiso original y, en su defecto, permitir que un comité resuelva al respecto. Todo lo que el asesor sugiera bajo los referidos conceptos debe ser bajo el entendido de evitar posibles litigios entre las partes, auditores, los administradores y/o los miembros de los comités.

La constancia de aportación no suele contener cláusulas, ya que no es un convenio, ni un contrato. Auténticamente se trata solo de una "constancia"; de algo donde "consta" alguna situación determinada, pero donde no hay necesariamente algo llamado consentimiento. En dichas constancias firma y acusa "de recibido" el fiduciario respecto de los bienes que ahí se indiquen de manera expresa y determinada. Probablemente, se transcriban en el reverso algunas cláusulas del fidecomiso y en el anverso se coloque el número de fideicomiso, el fiduciario, entre otros elementos.

G. Sesiones del Comité Técnico

Las sesiones del Comité Técnico se hacen constar en actas o minutas (el nombre es irrelevante, lo importante es que vaya acorde al contrato). Son muy parecidas a las actas de sesiones del consejo de administración de una empresa. Incluso, suelen emularse diversas disposiciones de las asambleas de accionistas para las reglas del Comité Técnico, siempre que no vayan en contra de la Circular 1/2005 de Banco de México.

Las actas no tienen una forma determinada para ser redactadas y tampoco se recomienda que dichos términos se incluyan en el contrato; sin embargo, lo que sí debe contener el contrato son los elementos mínimos para que sean válidas, en concordancia con las leyes y la Circular 1/2005, más no involucrarse en términos de formas determinadas, ya que ello puede entorpecer su redacción. Cuando un contrato de fideicomiso establece demasiados requisitos de forma, más allá de los requeridos por la ley, suelen encarecer y alentar la operación fiduciaria.

Hay que cuidar que las actas de la sesión correspondiente contengan las instrucciones claras y precisas al fiduciario o a quienes corresponda, ya que es muy probable que ahí encuentren su fundamento las cartas de instrucción que se giren al mismo fiduciario. Lo anterior implica, entre otras cosas, el destino de los bienes o recursos fideicomitidos y por ello tienen tanta importancia.

H. Cartas de Instrucción

Las Cartas de Instrucción no tienen propiamente un fundamento legal (y no sería necesario). Lo que sí tiene fundamento son las instrucciones que deben girarse al fiduciario, como lo indica el artículo 398 fracción III, de la LGTOC, donde se aprecia que se puede instruir al fiduciario la enajenación de los bienes fideicomitidos, sin perjuicio de que en el contrato de fideicomiso se establezcan determinadas instrucciones adicionales.

Una carta de instrucción debe contener la orden al fiduciario de hacer alguna operación o acto determinado. Debe ir firmada por quien designe el Comité Técnico y/o por quien diga el contrato. Cuando el fideicomiso no tenga Comité Técnico será el fideicomitente quien suscriba la respectiva carta de instrucción.

No está de más aclarar que, tanto la sesión del Comité Técnico, como su acta o minuta; sus resoluciones y la carta de instrucción, deben estar absolutamente ajustadas a la ley y al contrato de fideicomiso, pues en caso contrario pueden incurrir en responsabilidad tanto los fideicomitentes, como los miembros del comité y el mismo fiduciario.

Las Cartas de Instrucción deben contener los datos de identificación del fideicomiso, como su número; dirigirse al fiduciario y hacer citación expresa de los antecedentes de la misma carta, como la sesión del Comité Técnico que originó tal instrucción, junto con los datos de celebración de la misma (fecha, convocatoria, etc.).

Se recomienda que las instrucciones de la carta se establezcan de manera terminante y con el debido fundamento contractual y legal, en su caso. Asimismo, vale la pena citar las cláusulas que apoyan la resolución e instrucción tomada, por lo que el asesor debe tener participación activa en la redacción de este tipo de documentos.

APARTADO MULTIMEDIA

NOTAS CONCLUSIVAS

Para concluir con la presente obra, vale la pena hacer algunas acotaciones finales que pueden ser de utilidad para los asesores que se dedican a esta rama del derecho:

PRIMERA. El fideicomiso es un contrato multidisciplinario. No podemos decir que es un asunto estrictamente legal, pues dicha visión podría viciar de errores a la operación fiduciaria. No obstante, ello no implica que no sea un contrato y que merezca un tratamiento legal.

SEGUNDA. El fideicomiso requiere varios asesores. Requiere asesoría en materia legal, fiscal, contable, financiera, de negocios, patrimonial y en materia PLD. Lo anterior puede incrementar notablemente los costos, por lo que una de las funciones de dichos asesores también es poder reducir las erogaciones lo más posible.

TERCERA. El asesor no puede tratar al fideicomiso de manera cuadrada. Debe estar abierto a diferentes alternativas contractuales y, sobre todo, ser sumamente creativo. El fideicomiso es un contrato de gran ductilidad que, bien estructurado y ejecutado, puede ser una gran herramienta de negocios o de protección patrimonial.

CUARTA. Todos los diferentes tipos de fideicomisos funcionan de la misma manera. Lo que cambia es, eventualmente, su regulación y la creatividad de las partes para poder darle funcionalidad al contrato. Es aquí donde debe haber ductilidad para redactar los fines y la aplicación de los bienes fideicomitidos, en términos de beneficios para las partes.

QUINTA. Es importante tomar en cuenta que la regulación de los fideicomisos no implica, más que en determinados supuestos, que las partes no puedan crear diferentes situaciones jurídicas a través de este tipo de contratos. Hay que aprovechar las ventajas legales, patrimoniales y fiscales que ofrecen este tipo de instrumentos, que son ideales para empresarios y para quienes buscan una protección determinada a su favor o de sus descendientes, inclusive.

BIBLIOGRAFÍA

Autores, V. (2008). *Derecho Bursátil Contemporáneo. Temas Selectos.* México: Porrúa.

Autores, V. (2014). *Obra Jurídica Enciclopédica. Títulos y Operaciones de Crédito.* (E. L. Derecho, Ed.) México: Porrúa.

Batiza , R., & Luján, M. (2011). *El Fideicomiso.* México: Porrúa.

Carvallo, Y. E. (2014). *Nuevo Derecho Bancario y Bursátil.* México: Porrúa.

Dávalos Mejía, C. F. (1992). *Derecho Bancario y Contratos de Crédito.* México: Oxford.

Domínguez Martínez, J. A. (2008). *El fideicomiso de antes y de ahora.* Ciudad de México, México: Colegio de Notarios del Distrito Federal.

Frederick, L. (2020). *Practical Tips on How to Contract.* Coppel, Texas, EEUU: Autopublished.

M. Fox, C. (2008). *Working with Contracts.* USA: Practising Law Institute.

Vargas García, S. (2014). *Nociones de Contratación Bursátil. Aspectos Prácticos a Considerar para la Celebración de Contratos Bursátiles.* México: Porrúa.

Vargas García, S., González Peredo, E., & Martínez García de León, F. (2013). *Fideicomiso de Garantía, Planeación, Implementación y Ejecución.* México: Porrúa.

ÍNDICE POR MATERIA

G

I

L

M

N

O

P

ILUSTRACIONES

ANEXO UNO

COMPARATIVA EMPRESA - FIDEICOMISO

	EMPRESA	FIDEICOMISO
Creación	Por contrato o declaración unilateral (SAS y fondos de inversión)	Por contrato
Partes	Accionistas o socios	Fideicomitente, fideicomisario y fiduciario
Títulos Representativos	Acciones o partes sociales	Certificados de Participación
Administración	Consejo o administrador único	Coadyuva el fiduciario, Comité Técnico y Administrador
Contribuciones	Tiene RFC	Puede tener RFC
Personalidad	Siempre crea	No crea, más que para el TMEC
Efectos contra terceros	Se inscribe en RPC o RPP	Se inscribe la transmisión de inmuebles en RPP y cuando es de garantía en RPC
Forma	Casi siempre requiere escritura	Escritura: cuando se aportan inmuebles, se revierten o se enajenan a terceros Ratificación: cuando es de garantía por un monto igual a más de 250 mil UDIS Escrito: siempre
Onerosidad	Si es mercantil es un contrato oneroso, lucrativo y especulativo	Siempre es oneroso

ANEXO DOS
COLECCIÓN DE CLÁUSULAS

CREACIÓN DEL FIDEICOMISO:

"**1°. - EL FIDEICOMISO** que se constituye mediante el presente instrumento será de carácter irrevocable y, en consecuencia, solamente podrá ser dado por terminado en los términos y de conformidad con lo estipulado en el presente CONTRATO DE FIDEICOMISO y en lo que expresamente no se contemple en él, por la Ley aplicable que corresponda. Para efectos de identificación administrativa y contable, el FIDUCIARIO le asigna al presente Contrato de Fideicomiso Irrevocable el número _____.

El FIDEICOMITENTE FUNDADOR en este acto constituye un FIDEICOMISO IRREVOCABLE DE ADMINISTRACIÓN y designa al efecto a "BANCO _____", S.A., INSTITUCIÓN DE BANCA MÚLTIPLE, GRUPO FINANCIERO _____, en su carácter de FIDUCIARIO, quien con ello acepta el cargo conferido y se compromete a actuar siempre en los términos previstos en el presente fideicomiso. EL FIDEICOMITENTE FUNDADOR transmite, de manera irrevocable y en favor del FIDUCIARIO, la propiedad de los bienes que más adelante se describen para los fines citados en este contrato."

FINES DEL FIDEICOMISO:

"**2°. -** Son fines del presente FIDEICOMISO, los siguientes:

I. Que el FIDUCIARIO reciba, administre y mantenga en propiedad fiduciaria el PATRIMONIO DEL FIDEICOMISO, así como cualquier otro bien o derecho que en el futuro forme parte del PATRIMONIO FIDEICOMITIDO, de conformidad con los términos del presente CONTRATO DE FIDEICOMISO, para los fines a que se refiere la presente cláusula, con la previa aceptación del COMITÉ TÉCNICO y conforme a las políticas y normatividad que rigen al FIDUCIARIO.

II. Que el FIDUCIARIO, por instrucciones del COMITÉ TÉCNICO, celebre un CONTRATO DE ADMINISTRACIÓN, los CONVENIOS DE ADHESIÓN O CONVENIOS DE APORTACIÓN que se lleguen a celebrar en lo subsecuente para el cumplimiento de los fines del FIDEICOMISO, conforme a lo establecido en el presente contrato.

III. Por instrucciones del COMITÉ TÉCNICO abrir y mantener abiertas las CUENTAS DEL FIDEICOMISO que sean necesarias para el cumplimento de los fines.

IV. Que el FIDUCIARIO invierta los recursos que formen parte del PATRIMONIO FIDEICOMITIDO para lograr su administración y generación de valor, previas las instrucciones que gire el COMITÉ TÉCNICO y de existir éstas en términos de la cláusula ____ del presente contrato de FIDEICOMISO."

179

EXTINCIÓN DEL FIDEICOMISO:

"1º. - **EXTINCIÓN TOTAL Y TERMINACIÓN**. De conformidad con la fracción ___ del artículo 392 de la Ley General de Títulos y Operaciones de Crédito, y por así convenir a los intereses los FIDEICOMITENTES, en este acto LAS PARTES acuerdan extinguir EL PATRIMONIO FIDEICOMITIDO y dar por terminado totalmente el CONTRATO DE FIDEICOMISO, a partir de esta fecha y para todos los efectos legales a los que haya lugar, sin responsabilidad alguna para LAS PARTES."

"2º. - **ENTREGA DEL PATRIMONIO**. EL FIDUCIARIO en este acto revierte los bienes integrantes del patrimonio del PATRIMONIO FIDEICOMITIDO a los FIDEICOMITENTES y FIDEICOMISARIOS, de acuerdo con las instrucciones del Comité Técnico, detalladas en el Anexo "____", mismo que forma parte integrante del presente CONTRATO DE FIDEICOMISO."

MODIFICACIÓN DEL FIDEICOMISO

"1º. - **LAS PARTES** acuerdan en realizar adecuaciones al CONTRATO DE FIDEICOMISO, motivo por el cual LAS PARTES convienen en modificar la Cláusula ___ incisos ___, ___; la Cláusula ___ tercer párrafo; la Cláusula ___, inciso L); y la Cláusula ___, así como el respectivo Anexo _____, para que, a partir de la suscripción del presente convenio modificatorio, las cláusulas en cita dispongan lo siguiente:

..."

ADHESIÓN AL FIDEICOMISO

"1º. - **ADHESIÓN**. EL FIDEICOMITENTE ADHERENTE expresa su consentimiento de manera irrevocable para participar en el FIDEICOMISO identificado con el número ___, con carácter de FIDEICOMITENTE ADHERENTE APORTANTE según el Nivel previsto en el Anexo "____", única y exclusivamente para los efectos señalados en el CONTRATO DE FIDEICOMISO, por lo que se obliga a aportar al PATRMONIO FIDEICOMITIDO lo que, a su vez, se señala en el Anexo "C".

EI FIDEICOMITENTE ADHERENTE, en su carácter de FIDEICOMISARIO EN SEGUNDO LUGAR, tendrá los derechos sobre el resto del PATRIMONIO FIDEICOMITIDO únicamente con base en las previsiones contenidas en el CONTRATO DE FIDEICOMISO y en concreto en el CAPÍTULO __ y su ANEXO "___" sin que tenga participación en actividades distintas al objeto del presente Convenio y realizadas a través de este.

Cada una de LAS PARTES será responsable del pago de los impuestos a su cargo que se originen, de conformidad con lo dispuesto en la legislación aplicable."

ANEXO DE APORTACIÓN AL FIDEICOMISO

"ANEXO "__" DEL CONVENIO DE APORTACIÓN AL CONTRATO PRIVADO DE FIDEICOMISO IRREVOCABLE DE ADMINISTRACIÓN, IDENTIFICADO CON EL NÚMERO __.

EN SU CARÁCTER DE FIDEICOMITENTE ADHERENTE, LA PERSONA DESCRITA EN EL ANEXO "__", APORTA AL PATRIMONIO FIDEICOMITIDO:

1°. - En este acto cede en propiedad los derechos sobre la titularidad del título accionario número ___, expedido a su favor, que ampara ___ acciones de la Serie "A" representativas de $___ respecto de capital fijo del capital social de _____, S.A. de C.V. Lo anterior representa el ___% de las acciones de dicha sociedad.

Adicionalmente, como pago por la aportación mencionada, el FIDEICOMITENTE ADHERENTE, recibirá la cantidad de $__, pagaderos en un máximo de 180 (ciento ochenta) días, contados a partir de la fecha de firma del presente.

Por la aportación realizada y la aprobación del Comité Técnico, el FIDEICOMITENTE ADHERENTE se adhiere como FIDEICOMITENTE ADHERENTE al CONTRATO DE FIDEICOMISO, quien tendrá la siguiente prelación:

Prelación Nivel: FIDEICOMISARIOS EN SEGUNDO LUGAR."

PROEMIO DE SESIÓN DEL COMITÉ TÉCNICO

"__[NÚMERO]__ SESIÓN DEL COMITÉ TÉCNICO

ACTA DE SESIÓN DEL COMITÉ TÉCNICO

Fecha

En Ciudad de México, siendo las ___ horas del __ de __ del año __, se reunieron en el domicilio ubicado en _____ los miembros del Comité Técnico que se mencionan más adelante, a efecto de celebrar una Sesión de dicho Comité del "FIDEICOMISO IRREVOCABLE DE ADMINISTRACIÓN", identificado con el Número __, celebrado el día __ de __ del __ (en lo sucesivo "EL FIDEICOMISO).

Presidió la sesión la señora __ y como secretario el señor _____, quienes a su vez tienen los citados cargos en el Comité Técnico de EL FIDEICOMISO, situación que acreditaron en términos de este conforme a su cláusula ___. Al efecto se designó como escrutador a ___, quien aceptó su cargo y una vez que realizó el pase de lista de los presentes, se declaró legalmente instalada la presente sesión. Se agrega como ANEXO A la referida lista de asistencia. El Comité Técnico se encuentra integrado de la siguiente manera…"

ANEXO TRES

AUTOEVALUACIÓN

ANEXO CUATRO

CALIFICA EL LIBRO

ACERCA DEL AUTOR

Edgar Adrián Rodríguez Reina es abogado corporativo. Cuenta con diplomados en contratos y derecho corporativo en la Universidad Iberoamericana. Desde 2017 se desempeña como abogado independiente, especialista en asesoría corporativa, desarrollos inmobiliarios, fideicomisos y estrategias patrimoniales. Es fundador de la consultora **ESPECIALISTAS EN DERECHO MERCANTIL Y CORPORATIVO, S.C.**

Fue asesor de Inclusión Financiera de la Organización Mundial por la Paz. Se ha desempeñado por 12 años como profesor de derecho en varias instituciones educativas, en las materias de Títulos y Operaciones de Crédito, Derecho Mercantil, Derecho Corporativo, Contratos Mercantiles, entre otras, tanto en el Centro de Estudios en Alta Dirección, A.C., así como al nivel de diversos cursos y diplomados en el Instituto Fiscal Empresarial, la Universidad Iberoamericana como adjunto; la Universidad Anáhuac del Sur con COLCAMI y en CAINEM.

Cuenta con diversas publicaciones, tanto en revistas, como diferentes artículos y su más reciente libro Guía de Introducción al Estudio del Derecho.

www.ingramcontent.com/pod-product-compliance
Lightning Source LLC
Chambersburg PA
CBHW070007300526
45794CB00001B/226